किन्नर गाथा

कहानी समाज के अपरिचित लोगों की

शीला डागा

AF729634

वाणी प्रकाशन

वाणी प्रकाशन
4695, 21-ए, दरियागंज, नयी दिल्ली 110 002
फ़ोन : +91 11 23273167 फ़ैक्स : +91 11 23275710

शाखाएँ
अशोक राजपथ, पटना 800 004, बिहार
कॉफ़ी हाउस कैम्पस, महात्मा गांधी मार्ग, इलाहाबाद 211 001, उत्तर प्रदेश
महात्मा गांधी अन्तरराष्ट्रीय हिन्दी विश्वविद्यालय, वर्धा 442 001, महाराष्ट्र
सुल्तानिया रोड, मोतिया पार्क, भोपाल 462 001, मध्य प्रदेश

www.vaniprakashan.com
marketing@vaniprakashan.in
sales@vaniprakashan.in

KINNAR GATHA
by Sheela Daga

ISBN : 978-93-89012-72-9
Gender Study/Criticism

© लेखिकाधीन

पेपरबैक प्रथम संस्करण 2020

मूल्य : ₹ 199

इस पुस्तक के किसी भी अंश को किसी भी माध्यम में प्रयोग
करने के लिए प्रकाशक से लिखित अनुमति लेना अनिवार्य है।

सिटी प्रेस, दिल्ली-110 093 में मुद्रित

वाणी प्रकाशन का लोगो मक़बूल फ़िदा हुसेन की कूची से

भूमिका

पिछले कुछ वर्षों साहित्य पत्रिकाओं में, समाचार–पत्रों में तथा टी.वी., रेडियो, फेसबुक, व्हॉट्स एप, फ़िल्म जगत् सभी माध्यमों में किन्नरों के विषय में कुछ–न–कुछ कभी–कभी छपता रहता है, या दिखाया भी जाता है। कुछ शोध–प्रबन्धों में भी इस विषय को छुआ गया है। इसे छूना ही कहा जायेगा क्योंकि किन्नर अभी तक न तो साहित्य, न सिनेमा जगत् और न ही अन्य किसी मीडिया की मुख्यधारा का विषय बन पाये हैं। कुछ उपन्यास, कहानियाँ इनके जीवन की त्रासदियों पर ज़रूर लिखे गये हैं, किन्तु वे गिनती के ही हैं। 2015 में 'मैं लक्ष्मी मैं हिजड़ा' शीर्षक से लक्ष्मीनारायण त्रिपाठी की आत्मकथा और प्रदीप सौरभ की 'तीसरी ताली' ने इस समाज की वेदनाओं, समस्याओं को, सामाजिक जीवन तथा क्षमताओं को बहुत स्पष्टता से समाज के समक्ष प्रस्तुत किया है। 'फायर' जैसी फ़िल्में भी बनी हैं।

मैं बहुत छोटी उम्र से छात्रावास में रही। स्नातक तक की शिक्षा मेरी छात्रावास में ही रहकर हुई। अतः समाज परिवार, के वातावरण एवं परम्पराओं आदि से अधिक वास्ता नहीं पड़ा था। मेरा घर–परिवार में सन्तान के जन्म, विवाह आदि के समय भी घर में रहना बहुत कम हुआ। अतः हिजड़ों के बारे में ज़्यादा कुछ सुना भी नहीं और उनसे परिचय भी नहीं हुआ। बच्चे हुए तब भी घर में इन किन्नरों का आना नहीं हुआ। फिर कुछ वर्षों बाद पुनः शिक्षा से जुड़ी। विश्वविद्यालय के शिक्षकों के मध्य रहना हुआ। संस्कृत से सम्बन्धित अध्ययन–अध्यापन में लगे रहने से सामान्य साहित्य का पढ़ना–पढ़ाना नहीं कर पायी। इधर 10–15 वर्षों से पुनः हिन्दी साहित्य के सम्पर्क में आयी। साल–भर पूर्व मैंने 'मैं लक्ष्मी...' आत्मकथा पढ़ी। 'तीसरी ताली' भी। इससे पहले यदा–कदा हिजड़ों को किसी उत्सव में आकर पैसे माँगते, गाते, अजीब–सी हरकतें करते

देखा, सुना तो मन में प्रश्न उठा कि इन लोगों की आजीविका कैसे चलती होगी? इन्हें कहीं नौकरियाँ नहीं मिलतीं, घरों से निकाल दिये जाते हैं, आम आदमी और समाज से दूर कहीं इनकी बस्तियाँ बसी हैं तो कहाँ से संसाधन जुटाते होंगे? सम्पन्न परिवारों में लाखों–करोड़ों रुपये आपसी लेन–देन, सजावट, खाने–पीने, मेहमाननवाज़ी आदि में ख़र्च किये जाते हैं; किन्तु इन बेसहारा मनुष्यों को देने में कंजूसी की जाती है। मुझे हमेशा खलता रहा है कि विवाह आदि के अवसरों पर अत्यन्त महत्त्वपूर्ण कार्य–पाणिग्रहण संस्कार करवाने वाले पण्डित–पुरोहित को दक्षिणा देते समय हाथ खींच लिया जाता है उसी प्रकार किन्नरों से आशीर्वाद लेना शुभ मानने पर भी इन्हें धन आदि देने में कंजूसी की जाती है। पण्डित के लिए तो बहुत अवसर होते हैं, वह कुछ भी कर सकता है, लेकिन इन लाचार इन्सानों के लिए तो पेट भी भरना मुश्किल होता है। मन्दिरों, विवाहों में, पार्टियों में जहाँ नाम होता दिखाई देता है, सम्पन्न व्यक्ति दिल खोलकर पैसा लुटाते हैं। जहाँ दान की असल में ज़रूरत है–स्कूल, छात्रावास, ग़रीब बच्चों के लिए पोषक भोजन, उनकी शिक्षा तथा ये किन्नर–वहाँ देने की बात नहीं सोची जाती।

इन किन्नरों पर चुटकुले सुने–सुनाये जाते हैं। मैंने स्वयं भी इनकी ख़ूब नक़ल कर के लोगों को हँसाया है। किन्तु तब मैं यह नहीं जानती थी कि यह सब इनकी विवशताओं की उपज है। समाज में यही सोच बनी है कि इनमें क्षमताएँ नहीं होती। स्त्री–पुरुष दोनों ही वर्गों में न आने के कारण इनका दिमाग़ भी पूरा नहीं चलता, इसी से ये इतनी हास्यास्पद, अश्लील एवं अजीबोग़रीब हरकतें करते हैं।

यह सब देखकर मन दुखी होता रहा है। कुछ महीनों पूर्व मैं वाणी प्रकाशन में श्री अरुण माहेश्वरी से कुछ चर्चा कर रही थी, उन्हें भी अनुभव हो रहा था कि किन्नरों पर काम और ज़्यादा होना चाहिए। बस, यहीं से इस पुस्तक को लिखने की भूमिका बन गयी।

बहुत अच्छा लगा कि इन लोगों के पक्ष में हमारे न्यायकर्ताओं ने संवेदनापूर्वक विचार किया और न्यायालय ने अपने 2013 ही के फ़ैसले को उलट दिया। 58 वर्ष के विक्टोरियन युग के औपनिवेशिक क़ानून में कुछ तो राहत मिली। इसका बहुत ज़बर्दस्त तरीक़े से स्वागत किया गया। परन्तु मुझे लगा कि यह स्वागत करने वाला तबक़ा पढ़ा–लिखा, आधुनिकता में जीने वाला, सम्पन्न वर्ग है। असल समुदाय को इससे

ज़्यादा अन्तर नहीं पड़ेगा क्योंकि भारत का समाज अभी भी अन्धविश्वासों, अशिक्षा, पुरानी जर्जर, दकियानूसी, अमानवीय परम्पराओं में जी रहा है। आज भी सेक्स पर बात नहीं कर सकते। सेक्स से जुड़े नारी शरीर के अंगों को आज भी गाली के तौर पर प्रयोग किया जाता है। औरत के मासिक धर्म पर आज भी अछूत होने का लेबल चिपका है, विधवा महिला को आज भी अनेक अवसरों पर अशुभ माना जाता है। मानव–मानव में जातिगत भेद किया जाता है। जन्म से पुछल्ला लगी जाति आज भी पूजी जा रही है। दूसरे वर्ण आज भी नीचे माना जाता हैं। पुरुष का घर के कामों में शामिल होना और काम करना छोटा माना जाता है। पुरुष का अहंकार इसे करने भी नहीं देना चाहता।

ऐसे समाज को वैचारिक रूप से ऊपर उठने में अभी 2–3 पीढ़ियों का समय तो लग ही जायेगा। समाज के धार्मिक ठेकेदार उठने भी तो नहीं देते। उनकी दुकानें बन्द हो जायेंगी। पर्दा प्रथा आज भी विद्यमान है। जाने कितने आश्रमों में आज भी वैदिक शिक्षा के नाम पर तथाकथित ब्राह्मण पुत्रों को ही वेद पाठ सिखाया जा रहा है, बेशक वे कहीं सफ़ाई कर्मचारी का ही काम कर रहे हों। किन्नरों से आशीर्वाद लेना आज भी मंगलसूचक माना जा रहा है। इनके घर सँकरी गलियों में, शुद्ध हवा से दूर बने हैं। इनके गुरु, नायक इन्हें बाहर नहीं आने देते, क्योंकि उनका ठाट–बाट ख़त्म हो जायेगा। सम्पन्न लोगों से जन्म, विवाह, मकान के गृह प्रवेश आदि अवसरों पर अच्छा पैसा मिल जाता है। आधे से ज़्यादा गुरु और नायक का शेष में बाकी लोग।

समाज में जागृति आये, माता–पिता के रूप में व्यक्ति की इनके प्रति संवेदनाएँ गहरी हों, सरकारी स्तर पर इनके जीवन को उन्नत बनाने के प्रयास हों; तभी हमारा समाज आधुनिक कहलाने योग्य बन पायेगा। देश भी तभी सच्चे अर्थों में प्रगतिशील बन पायेगा।

हिन्दू मुस्लिम दोनों ही धर्म के लोगों की हालत एक–सी है और यही दोनों समुदाय देश के बड़े समुदाय हैं। इनमें जागृति आ पाये इस कार्य की ज़िम्मेदारी सामाजिक, धार्मिक संस्थानों को ही उठानी चाहिए। क्योंकि जनता ज़्यादातर इनका ही अनुकरण करती है। क़ानूनों से ज़्यादा फ़र्क़ नहीं पड़ता। बस रास्ते खुलते हैं।

हमारे समाज में किन्नरों के विषय में यदि कोई चर्चा करे तो लोग सकते में पड़ जाते हैं कि चर्चा करने वाला किन्नर तो नहीं है। एक

किताबों की एक दुकान पर मैंने किन्नरों पर एक पुस्तक के लिए पूछा तो उन सज्जन ने सबसे पहले मेरा नाम जानना चाहा।

मैं श्री अरुण जी को हृदय से धन्यवाद देती हूँ कि उन्होंने मुझे प्रेरित किया और प्रोत्साहन भी दिया। वर्ना पुस्तक लिखना मेरा पेशा नहीं रहा। 75 वर्ष में गिनती की दो किताबें, एक लघुशोध प्रबन्ध, एक शोध प्रबन्ध एवं कुछ शोध लेख–कुल जमा यही मेरा लेखन है। फ़ेसबुक पर कभी–कभी दो–चार वाक्य लिख देती हूँ। इधर हरिद्वार के एक आश्रम में निवास होने के कारण आजकल आश्रम की पत्रिका के सम्पादन, करैक्शन आदि से ज़रूर जुड़ी हूँ।

जितनी जानकारी जुटा पायी हूँ, जुटाकर समाज के सामने रख रही हूँ। इस उम्मीद में कि इन समाज से निष्कासित, तिरस्कृत, तथाकथित अभद्र इन्सानों को शायद कुछ जगह मिल जायेगी और इनका जीवन आसान बनेगा। इस सभ्य समाज का इनके प्रति नज़रिया बदल जायेगा और मेरा जीवन थोड़ा–सा सार्थक बन जायेगा।

इस पुस्तक को सर्वसमावेशी अर्थात् किन्नरों के विषय में समग्रता से जानकारी बनाने के प्रयास में इंटरनेट और अनेक माध्यमों से सामग्री जुटाई है। 'मैं लक्ष्मी मैं हिजड़ा' लक्ष्मीनारायण त्रिपाठी की आत्मकथा से सबसे ज़्यादा सहायता ली गयी है, मैं सभी के प्रति आभार प्रकट करती हूँ। वाणी प्रकाशन के मालिक अरुण माहेश्वरी तो इसके प्रेरक ही रहे हैं, उनको पुनः धन्यवाद देती हूँ।

उन सभी के प्रति आभार प्रकट करती हूँ जो प्रत्यक्ष या अप्रत्यक्ष रूप से इस पुस्तक के पाठकों के हाथों में आने के कार्य में सहायक बने हैं। समग्रता का प्रयास तो किया ही है, किन्तु फिर भी कुछ ग़लतियाँ, कुछ कमियाँ शायद रही होंगी, सुधी पाठक उन्हें चिह्नित करेंगे, उनका स्वागत है।

–शीला डागा

अनुक्रम

किन्नर : तृतीया लिंग

इस पृथ्वी पर दो प्रकार के अस्तित्व है। जड़ एवं जंगम सजीव और निर्जीव। सजीव की पहचान है–(1) ये गति करते हैं; (2) ये भोजन, उत्सर्जन एवं श्वसन क्रिया करते हैं (3) सजीवों में जनन क्रिया होती है अर्थात् ये अपने जैसा एक सजीव पैदा करते हैं।

मानव सजीवों की श्रेणी में आता है। महर्षि चरक के अनुसार (अध्याय 27) संसार में चार प्रकार के प्राणी हैं–अंडज, स्वेदज, उद्भिज एवं जरायुज। मानव जरायुज प्राणी है। अंडज एवं जरायुज प्राणी नर एवं मादा के युग्म में पाये जाते हैं। मानव समाज में भी ये स्त्री एवं पुरुष या नर एवं नारी कहलाते हैं। संसार की सभी भाषाओं में इनके लिए भिन्न–भिन्न शब्दों के जोड़े हैं। इस युग्म के द्वारा ही सन्तति उत्पन्न होती है, जो जीवों की पहचान है, लक्षण है। मानव जाति में स्त्री एवं पुरुष इन दो लिंगों के अतिरिक्त भी एक वर्ग है जो सन्तान उत्पन्न नहीं कर सकता, यद्यपि उसमें सजीवों के अन्य सभी लक्षण विद्यमान हैं। इस वर्ग के लिए विश्व के भिन्न–भिन्न समुदायों की भाषा में भिन्न–भिन्न शब्दों का प्रयोग मिलता है।

तीन लिंग

किन्नर–सामान्य रूप से संस्कृत भाषा में सभी सजीवों अथवा प्राणियों के दो विभाग स्त्रीलिंग एवं पुल्लिंग हैं। व्याकरण की दृष्टि से तीन लिंग माने जाते हैं–स्त्रीलिंग, पुल्लिंग एवं नपुंसकलिंग। अंग्रेज़ी में तीन जेंडर हैं–फेमिनिन, मैस्क्युलिन एव न्यूटर जेंडर। ज़्यादातर इंडो यूरोपीय भाषाओं में संज्ञा के ये तीन विभाग हैं।

तृतीया प्रकृति–मानव समाज की दृष्टि से संस्कृत में स्त्री–पुरुष के अतिरिक्त एक 'तृतीया प्रकृति' शब्द भी उपलब्ध होता है, जो उन मनुष्यों

के लिए प्रयोग में लाया गया है, जो न तो पुरुष हैं और न ही स्त्री। जैसा पहले कहा जा चुका है, इस वर्ग के लिए भिन्न–भिन्न भाषाओं, स्थानों में भिन्न–भिन्न शब्दों का प्रयोग मिलता है। आज के युग में साहित्यिक दृष्टि से तीन शब्द विशेष रूप से प्रयुक्त होते हैं–किन्नर, हिजड़ा एवं अंग्रेज़ी का ट्रांसजेंडर।

हिजड़ों के लिए किन्नर शब्द आधुनिक प्रयोग है। प्राचीन भारतीय साहित्य में किन्नर के स्थान पर 'तृतीया प्रकृति' शब्द का ही प्रयोग है। ईसा पूर्व की दूसरी से सातवीं शताब्दी के बीच में लिखे कामसूत्र में यही शब्द मिलता है। ईसा की चतुर्थ शताब्दी में बने 'अमरकोश' में इसके अनेक पर्यायवाची दिये गये हैं–तृतीया प्रकृति :

षण्डः क्लीबः पण्डो नपुंसके

इस प्रकार षण्ड, क्लीब, पण्ड और नपुंसक शब्द तृतीया प्रकृति के पर्यायवाची शब्द हैं। इनमें किन्नर शब्द नहीं आया है।

क्लीब–क्लीब शब्द का प्रयोग अथर्ववेद में बैल के बन्ध्याकरण के लिए प्रयुक्त है। अन्य पर्यायवाचियों–षण्ड, पण्ड का संस्कृत ग्रन्थों में यदा–कदा उल्लेख मिल जाता है, परन्तु यह ज़्यादातर अलंकारिक रूप से प्रयुक्त है। यह ऐसे लोगों के लिए प्रयोग किया गया है, जो काम में मन नहीं लगाते या किसी भी कार्य को करने के योग्य नहीं होते। हिजड़ा हिन्दी का आज एक बहुप्रचलित शब्द है। यह मूलतः उर्दू शब्द है, जो अरबी भाषा के 'हिजर' शब्द से निकला है। इसका अर्थ है–अपने समुदाय को छोड़ने वाला या समुदाय से बाहर आया हुआ। अर्थात् स्त्री–पुरुषों के स्वाभाविक समाज से बाहर होकर अपना अलग समाज बनाने वाला। हिजरा शब्द का प्रयोग वियोग या जुदाई अर्थ में है जो अरबी के हिज्र शब्द से बना है। हिजरी सन् हजरत मुहम्मद साहब के मक्का छोड़कर मदीना जाने की तिथि है। उर्दू में एक ख़्वाजासरा शब्द भी मिलता है। संस्कृत से आया किन्नर शब्द हिन्दी में 'हिजड़ा' अर्थ से प्रयुक्त हो रहा है। मराठी में 'छक्का'; गुजराती में 'पावैया'; पंजाबी में 'खुस्रा' और 'जनखा'; तेलगू में 'नपुंसकुडु' (नपुंसक) 'कोज्जा' व 'मादा'; तमिल में 'थिरुनंगई', 'अली', 'अरवन्नी', 'अरावनी', 'अरुवनी' शब्दों का प्रयोग होता है।

तृतीय पन्थी–पाकिस्तान सरकार ने इन्हें तृतीय पन्थी नाम दिया है। पश्चिमी देशों के प्राचीन साहित्य में किन्नर के लिए 'यूनक' शब्द पाया जाता है जिसका अर्थ है लिंगछेदन किया हुआ पुरुष। कई स्थानों पर

समलिंगी व्यक्तियों को भी यूनक कहा गया है। एक शब्द है कास्ट्रेट, यह भी लिंगछेद किये हुए पुरुषों को ही कहा जाता है। यूनक दो प्रकार के लोगों को कहा गया। प्रथम जिनके बच्चे नहीं हो सकते थे अर्थात् जिनमें पुनरुत्पादन की क्षमता ही नहीं है अथवा जिनका लिंगछेद करके उनकी यह क्षमता समाप्त कर दी गयी।

ट्रांसजेंडर–अंग्रेज़ी में इन्हें ट्रांसजेंडर (Transgender) कहा जाता है। इसका अर्थ है (male-female) स्त्री–पुरुष इन दोनों लिंगों के पार या इनसे अलग। हालाँकि जेंडर का अर्थ लिंगभाव है। सेक्स शब्द का भी लिंग के लिए प्रयोग किया जाता है। ट्रांसजेंडर शब्द 1960 के दशक में अस्तित्व में आया। 1990 से इसका प्रयोग राज–नीतिक आयामों के साथ भी शुरू हो गया। गे, लेस्बियन्स अर्थात् समलिंगी शब्द भी आज इसी सन्दर्भ में प्रयुक्त होते हैं। एलजीबीटी (LGBT) शब्द भी ऐसा ही है।

किन्नर–अब शेष बचा किन्नर शब्द, जो भारत में मुख्य रूप से हिन्दी साहित्य एवं समाज में आधिकारिक रूप से प्रयुक्त हो रहा है। इस शब्द की लम्बी यात्रा है।

भारतीय प्राचीन साहित्य में 'किन्नर' शब्द सबसे पहले महाभारत में मिलता है, जो अनेक देवयोनियों में से एक योनि थी। अमरकोश में इन देवयोनियों का उल्लेख है–

विद्याधरोऽप्सरसो यक्षरक्षोगन्धर्वकिन्नराः।
पिशाचगुह्यकसिद्धाः भूत देवयोनयः।।

इनमें से गन्धर्व एवं किन्नर जातियाँ नृत्य–गायन में प्रवीण थीं और देवताओं का मनोरंजन किया करती थीं।

किन्नर ब्रह्मा की परछाईं से उत्पन्न दिव्य गायकों के एक समूह का नाम। वायु पुराण के अनुसार अरिष्टा (मनुष्य की तरह आचरण, पर दानव। संगीत का ज्ञाता) एवं कश्यप से उत्पन्न। इन्द्र के सहायक हिमालय में रहने वाले चित्ररथ की प्रजा के समान। शिवपुरी में सेवक। कैलाश पर्वत की महानिल चोटी पर रहने वाले।

किन्नराश्व–सुनक्षत्र का पुत्र

किंपुरुष–मनुष्यों की नक़ल करने वाला (वाजसनेयी संहिता)

जंगली–मैक्समुलर

दुष्ट मनुष्य–रॉथ

शतपथ ब्राह्मण में अश्वमुखी किन्नर का उल्लेख है। संयुक्त भारतीय कला की कल्पना इन्हें पक्षीमुखी भी दिखाती है।

बौद्ध साहित्य में किन्नर की कल्पना मानवमुखी पक्षी के रूप में मिलती है। मानसार में किन्नर के गरुड़मुखी मानवशरीरी और पशुपदी रूप का वर्णन है। भरहुत के अनेक चित्रों में यह भी चित्रित है।

अजन्ता और बाघ की गुफाओं में भी अमरावती में नृत्य और संगीत में लगे हुए यक्ष–यक्षिणी, किन्नर, गन्धर्व एवं अप्सराओं के चित्र अंकित हैं।

शब्दकोशों में किन्नरों को अश्वमुख कहा गया है। इनका मुख घोड़े जैसा और धड़ मनुष्य का अथवा कहीं–कहीं मुख मानव का एवं धड़ घोड़े जैसा बताया गया है।

स्यात्किन्नरः किम्पुरुषः तुरंगवदनो मयुः–यहाँ किन्नर, किम्पुरुष, तुरंगवदन एवं मयुः ये चार पर्यायवाची शब्द हैं।

संस्कृत में किम्+नर=किन्नर। किम् का अर्थ यहाँ कुत्सित है। किं कुत्सितो नरः (कालिदास–कुमारसम्भव) ये देवताओं के गायक कहे गये हैं। किम् का एक अर्थ क्या भी है, किन्तु किन्नर में इसके दो अभिप्राय हैं– कैसा–नकारात्मक मनुष्य और बुरा पुरुष। किंप्रभु, किंसखा शब्दों में भी किम् नकारात्मक अर्थ में प्रयुक्त है।

किं सखा साधु न शास्ति योधिपम्।
हितान्न संशृणुते स किंप्रभुः **(कु.सं. 1.5)**

अर्थात् जो राजा को अच्छी सलाह न दे, वह राजा का सखा व मित्र कैसे हो सकता है? अर्थात् वह मित्र नहीं है। जो राजा हित की बात न सुने वह कैसा राजा? अर्थात् वह राजा (प्रभु) नहीं हो सकता। इस प्रकार किम् शब्द के अर्थ हैं–ख़राब, ह्रास, कलंक या धिक्कार। किंसखा–दुष्ट मित्र, किंप्रभु–दुष्ट राजा, ख़राब राजा।

'किन्नरेश' शब्द कुबेर (धन का राजा) का एक विशेषण है। ध्यान देने योग्य है कि कुबेर में 'कु' अक्षर का संस्कृत में 'बुरा' अर्थ है। कुपुत्र, कुमाता आदि में द्रष्टव्य है। किम्+नरेश अथवा किन्नर + ईश। प्रथम में किम् का अर्थ ख़राब या बुरा राजा है। द्वितीय में किन्नरों का राजा अर्थ है। मोनियर विलियम्स के संस्कृत–अंग्रेज़ी शब्दकोश के अनुसार कुबेर शुरू में बुरी शक्तियों के राजा या मुखिया का नाम था। बाद में यह धन के देवता का नाम हो गया। हरिवंश पुराण में कुबेर यक्षों का मुखिया और रुद्र का मित्र है। किन्नर का

पर्यायवाची किंपुरुष शब्द भी पुराणों में मिलता है, परन्तु यह जम्बू द्वीप का एक भाग है–'भारतं प्रथमं वर्षं ततः किंपुरुषं स्मृतम्।' (विष्णु पुराण)

उपर्युक्त अध्ययन से यह स्पष्ट है कि कुत्सित (बुरा) पुरुष इस अर्थ के कारण हिजड़ों के लिए किन्नर शब्द का प्रयोग किया गया। किन्नर देवताओं का मनोरंजन करने वाली एक जाति के रूप में वर्णित है। नृत्य–संगीत में हिजड़ों की ख़ास रुचि रहती है, इनका परम्परागत पेशा भी यही है, इसीलिए इन्हें किन्नर नाम दे दिया गया। बोलने में भी आसान है और छोटा शब्द है। हालाँकि प्राचीन साहित्य में तो 'तृतीया प्रकृति' शब्द ही आया है। किन्नर शब्द मूल रूप से देवयोनियों में एक योनि के लिए प्रयुक्त शब्द है; इसका अपसंस्कृतीकरण कर दिया गया है।

वाजसनेयी संहिता, भागवत पुराण आदि कुछ अन्य पुराणों, मेघदूत, शिशुपाल वध आदि काव्यों में 'क्लीब' आदि शब्दों का प्रयोग मिलता है, परन्तु यह कहीं भी मनुष्य योनि या उसके लिंग के लिए नहीं आया है। अर्थववेद में क्लीब शब्द बैल के बन्ध्याकरण के लिए मिलता है।

आधुनिक हिन्दी भाषा के साहित्य में आचार्य चतुरसेन ने अपने उपन्यास 'वयं रक्षामः' में कई बार 'किन्नर' शब्द का प्रयोग किया है–

'कुबेर के महल में किन्नर, गन्धर्व नृत्य–गीत से मनोरंजन कर रहे थे।

'इस धनुष को असुर, देव, गन्धर्व, राक्षस, यक्ष, किन्नर और बड़े–बड़े उरग भी आक्रान्त नहीं कर सके।'

'समुद्र पर पुल बाँधे बिना ये सभी–इन्द्र सहित–कोई भी लंका का अनिष्ट नहीं कर सकते।'

'पर्वत गुफाओं में रहने वाले तपस्वी और किन्नर अपनी स्त्रियों सहित इधर–उधर दौड़ने लगे।'

आज भी हिमाचल प्रदेश के उत्तर–पूर्वी भाग में, तिब्बत के सीमावर्ती प्रदेश का नाम किन्नौर है। यहाँ के निवासी पहाड़ी लोग, जिनकी भाषा कन्नौरी लोहाली व गलचा है, किन्नर कहलाते हैं। भारतीय देवतावाद के अनुसार किन्नर कैलाश पर्वत पर भगवान शिव एवं पार्वती के साथ रहते हैं। माना जाता है कि यह किन्नरों का निवास स्थान रहा है। वाल्मीकि रामायण के उत्तरकाण्ड में शिव की कथा आती है, सम्भव है कि वही प्रदेश आज किन्नौर कहलाता है। यहाँ जो लोग रहते थे उन्हें किंपुरुष एवं उनकी स्त्रियों को किन्नरी कहा गया है। उत्तरकाण्ड में किन्नर एवं किंपुरुष शब्द एक प्रसंग में मिलते हैं, जहाँ राजा इल की कथा है। एक बार राजा इल जंगल में घूमते हुए पर्वत पर ऐसी

जगह पहुँच गये जहाँ शिव ने पार्वती के मनोरंजन के लिए सारी प्रकृति को जीवों सहित स्त्री बना दिया था। वह स्वयं भी स्त्री बने हुए थे। राजा इल जैसे ही उस स्थान पर पहुँचे तो उनकी सेना सहित वह भी स्त्री के रूप में बदल गये। शिव से प्रार्थना करने पर भी वह उन्हें पुरुष रूप वापिस देने को तैयार नहीं हुए। फिर जब इल ने पार्वती से प्रार्थना की तो पार्वती ने उन्हें आधा जीवन स्त्री व आधा जीवन पुरुष रूप में जीने का वरदान दे दिया। यह राजा के ऊपर ही छोड़ दिया कि वह इस वरदान को कैसे जीना चाहेंगे। इल ने अपने को एक–एक महीना दोनों रूपों में जीने के लिए तैयार कर लिया। जब वह सुन्दर स्त्री के रूप में थे तभी उन्हें सोमपुत्र बुध ने देखा और वह इल पर मोहित हो गया। एक वर्ष तक इल का जीवन बुध के साथ ऐसे ही चलता रहा। राजा ने फिर से तप किया और शिव को प्रसन्न करके स्थाई रूप में पुरुष होने का वरदान माँगा। तभी उनके बेटा हुआ, जिसका नाम उन्होंने पुरुरवा रखा। उस समय वहाँ जो पुरुष, सैनिक स्त्री बने थे, उन्हें किंपुरुषी या किन्नर नाम दिया गया और उन्हें कहा गया कि वह किंपुरुषों से ही विवाह करेंगी।

बस इस प्रसंग के अतिरिक्त और कुछ किन्नरों के विषय में नहीं आता।

शोध करने वाले विद्वानों का मानना है कि उत्तरकाण्ड रामायण में बाद की शताब्दियों में जोड़ा गया है। इसकी बहुत–सी बातें शेष रामायण से मेल नहीं खातीं। कुछ प्रसंग बाक़ी रामायण से विरोधी लगते हैं।

किन्नर–देह

शब्द कोई भी बोलें, किसी भी भाषा में बोलें– तृतीया प्रकृति, तृतीय लिंगी, किन्नर, ख्वाजासरा, हिजड़ा, क्लीब, षण्ड, नपुंसक, पावैया, छक्का, जनखा, थिरूनंगई, अली, खुस्रा, अरवन्नी, एलजीबीटी (LGBT)–बात वही है। ये सभी नाम मानव समूह के नर–नारी के अतिरिक्त जो तीसरा वर्ग है–कुछ भाषाओं के व्याकरण में, एक अलग लिंग हैं–नपुंसक लिंग, न्यूटर जेंडर–उसी को इंगित करते हैं। बात करते समय हम इस वर्ग को पुल्लिंग अर्थात् पुरुष के लिंग के रूप में ही वाक्यों में प्रयोग करते हैं। जैसे–हिजड़ा जा रहा है, हिजड़े आ रहे हैं–कैसे भी बोलें संकल्पना वही है कि यह स्त्री–पुरुष, नर–मादा, मैस्क्युलिन–फेमिनिन इनसे भिन्न हैं।

संरचना रतिक्रिया

स्त्री–पुरुष के मिलन में शारीरिक से बच्चे का जन्म होता है। प्रायः यह प्राकृतिक क्रिया स्वाभाविक रूप से सम्पन्न हो जाती है और एक्स + वाई या एक्स + एक्स (xy या xx) क्रोमोसोम से क्रमशः लड़की व लड़के का जन्म होता है। कभी–कभी बच्चे का लिंग निर्धारित नहीं हो पाता। कुछ गड़बड़ी हो जाती है। ये चार प्रकार से होती है। ज्योतिष शास्त्र के अनुसार वीर्य की अधिकता से बेटा व रक्त की अधिकता से बेटी होती है। यदि बराबर हों तो किन्नर सन्तान पैदा होती है। प्रथम प्रकार को **टर्नर सिंड्रोम** कहते हैं। इसमें गर्भाशय में xy या xx न मिलकर xo हो जाता है। पिता से आने वाले वीर्य को पुरुषत्व देने वाले u क्रोमोसोम के न होने से बाहर की जननेन्द्रियों का विकास स्त्रीलिंगी होता है। लेकिन अन्दर की जननेन्द्रियों के लिए दो (x = xx) की आवश्यकता होती है। इनके न होने से अण्डकोश व गर्भाशय का विकास नहीं हो पाता। बच्चा वह स्त्रीलिंग ही होता है, परन्तु गर्भाशय का विकास न होने से उसमें सन्तान उत्पन्न करने की क्षमता नहीं होती।

दूसरा प्रकार **ऐंड्रोजन इनसेंसिटिव सिंड्रोम** होता है। इसमें टेस्टोस्टेरॉन हार्मोन को गर्भ स्वीकार नहीं करता। गर्भ अगर पुरुषलिंगी है अर्थात् xy दोनों क्रोमोसोम मिलते हैं तो भी गर्भाशय द्वारा टेस्टोस्टेरॉन हार्मोन को अस्वीकार कर देने के कारण पुरुष जननेन्द्रीयों का विकास नहीं हो पाता। नवजात बच्चे की जननेन्द्रिय स्त्री की होती है, पर अण्डकोश व गर्भाशय विकसित नहीं होते। स्तनों का विकास हो जाता है। ऐसी लड़की को मासिक धर्म नहीं होता। अतः उसके बच्चे नहीं होते। जेनेटिकली xy क्रोमोसोम के कारण ऐसी बच्ची की आवाज़ मोटी हो जाती है। वह वास्तव में लड़का होती है।

तीसरे प्रकार में पुरुष हार्मोन का एंड्रोजन का स्तर बहुत ज़्यादा होता है। गर्भ अगर पुरुषलिंगी है तो कोई अन्तर नहीं पड़ता, किन्तु यदि स्त्रीलिंगी है तो लड़की का व्यवहार लड़कों जैसा होता है। इन्हें 'टॉमबॉय' नाम दिया गया है।

चतुर्थ प्रकार में गर्भ में पुरुष हार्मोन पर्याप्त नहीं होते। ग्यारहवें सप्ताह में यौनांग विकसित करने वाले हार्मोन्स अपनी भूमिका पूरी नहीं कर पाते तो पुरुषांग पूरा विकसित नहीं हो पाता। जननेन्द्रिय नर होने से पुरुषलिंगी होने पर भी इसमें भावना स्त्रीत्व की ही विकसित हो जाती है। उसे स्त्री जैसे रहना, उसी की तरह व्यवहार करना अच्छा लगता है। किशोरावस्था आते–आते ऐसे लड़के लड़कियों के प्रति आकर्षित न होकर पुरुषों के प्रति आकर्षित होते हैं।

हिजड़ों में 80 प्रतिशत लड़के तो स्त्रीलिंगी ही होते हैं, जिनका आकर्षण पुरुषों की तरफ़ होता है। चूँकि इनके जननांग पूर्ण विकसित नहीं होते तो यौन सम्बन्धों की पूरी प्रक्रिया स्वाभाविक रूप से नहीं हो पाती। इनके मुँह पर दाढ़ी–मूँछ आ जाती है, आवाज़ भी पुरुषों की भाँति भारी हो जाती है, छाती भी स्त्रियों जैसी उभरी नहीं होती, यौनांग अपूर्ण होते हैं। न तो पुरुष की तरह लिंग पूर्ण विकसित हुआ होता है न ही स्त्री की तरह योनि होती है। देखने में दाढ़ी–मूँछ आदि के कारण, ये पुरुष जैसे दिखते हैं, परन्तु भावनात्मक रूप से ऐसे लोग स्त्री जैसे होते हैं और यही सबसे बड़ी विडम्बना है। यही इनकी लाचारी है।

पाश्चात्य अवधारणा-यूनक

पश्चिमी देशों में इन्हें **अब तक** यूनक (Eunuch) कहा जाता था। यूनक

अर्थात् लिंगपरिवर्तन या लिंगछेदन के पश्चात पुरुष से स्त्री बना मनुष्य। यूनक का अर्थ ही शब्दकोशों में कास्ट्रेटेड मेल (Castrated male) लिंगच्छेदन किया नर बताया गया है। प्राचीन इजिप्ट, रोम, बेबीलोन आदि देशों में इन लिंगच्छेदन किये पुरुषों का उल्लेख मिलता है। कहीं–कहीं समलिंगी व्यक्तियों को भी यूनक कहा गया है। हिब्रू में लिंगछेदन की परम्परा नहीं थी। कहीं–कहीं साधारण पुरुषों, अधिकारियों, नौकरों आदि को यूनक जैसे कार्य दिये जाते थे, इन्हें सारिस (Saris) कहते थे।

इन देशों में कास्ट्रेटी (Castrati) लिंगच्छेदन किया हुआ पुरुष–यह संकल्पना बाइबिल में भी उपलब्ध है। लड़के की किशोरावस्था आने से पूर्व ही उसका लिंग हटा दिया जाता था। इससे उसकी आवाज़ भारी नहीं हो पाती थीं। ऐसा कहा जाता है कि उसकी आवाज़ बच्चों जैसी ही रहती थी। उस वक़्त चर्च में स्त्रियों को गाना गाने की आज्ञा नहीं थी, इसीलिए इन कोमल स्वर वाले पुरुषों को ही गाने का अवसर प्रदान किया जाता था। यह प्रथा अठारहवीं शताब्दी तक वहाँ प्रचलित थी। अन्तिम कास्ट्रेटी प्रसिद्ध इटालियन जिओवानी वेलुटी (Giovanni Velluti) की मृत्यु 1861 में हुई थी। इनमें से केवल एक कास्ट्रेटी गायक की रिकॉर्डेड आवाज़ आज मिलती है। वह था सिस्टाइन चॉपेल का गायक अलेसेंड्रो मोरेशी (Alessendro Moreschi)। सन् 1922 में इसका निधन हो गया था।

रोमन क़ानून

प्राचीन रोमन क़ानून में दो प्रकार के यूनक का उल्लेख है। एक कास्ट्रेटी एवं दूसरा स्पेडोंस (Spadons)। स्पेडोंस वह कहलाते थे, जिनमें उत्पादक क्षमता नहीं होती। इनमें भी या तो यह क्षमता प्राकृतिक रूप से जन्म से ही नहीं होती थी या लिंगछेद की सम्भावना भी की जा सकती है। ये विवाह कर सकते थे, सन्तान गोद ले सकते थे, उसे अपना वारिस बना सकते थे। कास्ट्रेटी को ये अधिकार नहीं थे।

ट्रांसजेंडर (Transgender) लिंगभाव

आज पूरे विश्व में किन्नरों के लिए 'ट्रांसजेंडर' शब्द का प्रयोग किया जा रहा है। इस शब्द को मान्यता मिली हुई है। ट्रांसजेंडर अर्थात् जेंडर से परे। जेंडर का अर्थ है लिंगभाव। अंग्रेज़ी में अब तक सेक्स एवं जेंडर शब्द

'लिंग' के लिए ही प्रयुक्त होते हैं। इसका आधार जन्म के लिंग से होता है। बच्चे के पालन–पोषण में लड़का और लड़की को अलग–अलग तरह से पाला जाता है। जैसे लड़के के लिए नीले, आसमानी रंग के कपड़े, खिलौने आदि को महत्त्व दिया जाता है जबकि बच्चियों के लिए गुलाबी रंग का प्रचलन है। भारत में भी यह परम्परा अपनायी जा चुकी है–बच्चों के खिलौने आदि भी बहुत बार भिन्न–भिन्न होते हैं–लड़कों के कुछ और लड़की के कुछ अलग। यह अन्तर जननांगों के भिन्न होने के बावजूद बच्चों में भावना के स्तर पर नहीं होता। बस लड़का बड़ा होते–होते अपने को पिता जैसा और लड़की अपने को माँ जैसा पाती है। इस प्रकार परिवार व समाज ही यह भेदभाव करता है। अतः सेक्स अर्थात् लिंग नहीं कह सकते, यह जेंडर अर्थात् लिंगभाव ही कहलायेगा।

देह इनकी पुरुष या स्त्री की होती है, किन्तु भावना देह के विपरीत क्रमशः स्त्री या पुरुष की होती है। इसलिए इन्हें पुरुष या स्त्री के वर्ग में नहीं रखा जा सकता। अतः इनको 'लिंग से परे' अर्थ में ट्रांसजेंडर शब्द दिया गया है। नपुंसक शब्द में यह अर्थ निहित है, किन्तु संस्कृत भाषा में जो तीन लिंग गिनाये गये हैं, उनमें नपुंसक लिंग यद्यपि स्त्रीलिंग एवं पुल्लिंग से इतर है, परन्तु उसमें जड़ वस्तुएँ भी सम्मिलित हैं। वहाँ यह शब्द केवल मानव का अर्थ नहीं देता। भारत में आजकल इन्हें किन्नर कहते हैं और आम बोलचाल में 'हिजड़ा' शब्द ही बहुप्रचलित है।

ट्रांसजेंडर शब्द 1960 से हिजड़ों के लिए अन्तरराष्ट्रीय शब्द बन गया है। जो लोग बिना लिंग परिवर्तन किये अपने से विपरीत लिंगी जैसा जीवन व्यतीत करते हैं–जैसे एक पुरुषलिंगी मानव स्त्रियों जैसा आचरण–व्यवहार करे तथा एक स्त्रीलिंगी व्यक्ति पुरुषलिंगी जैसा–ऐसे ही लोगों के लिए यह ट्रांसजेंडर शब्द है। 1970 से यह शब्द इसी अर्थ में स्थिर हो गया और इसीलिए इस शब्द का बार–बार प्रयोग होने लगा। लेकिन 1980 के दशक में इस शब्द के अर्थ ने विस्तार किया और जन्मतः जो लिंग है, उसके विपरीत या उससे अलग दोनों ही लिंगों से पृथक एक अहसास होना कि 'मैं कौन हूँ, क्या हूँ' जैसी स्थिति में पड़ा व्यक्ति आज ट्रांसजेंडर की श्रेणी में आ गया है। इसमें व्यक्ति का व्यवहार, बोलचाल, वस्त्र, भाषा, बनाव–शृंगार, आवाज़, केशसज्जा, शारीरिक विशेषताएँ अर्थात् हाव–भाव आदि सभी कुछ सम्मिलित हो गया है। 1990 से यह शब्द अन्य अनेक आयामों में विस्तार पा गया। इनके अधिकार, इनके साथ समाज का

व्यवहार आदि के लिए विश्व–भर में एक आन्दोलन ही खड़ा हो गया। ये विषमलिंगी व्यक्ति होते हैं। शरीर की लिंगीय पहचान और यौनिक सोच ज़रूरी नहीं कि इन दोनों का परस्पर सम्बन्ध हो ही।

चिकित्साशास्त्र के अनुसार दो शब्द प्रयुक्त होते हैं–सेक्सुअल ओरिएंटेशन (sexual orientation) अर्थात् रतिभावना या कामभावना की अभिमुखता अर्थात् यह पुरुष का स्त्री के प्रति आकर्षण है या पुरुष का पुरुष के प्रति अथवा स्त्री का कामभाव पुरुष के प्रति है या स्त्री के प्रति। और दूसरा शब्द है जेंडर आइडेंटिटी (gender identity) अर्थात् लिंग से पहचान। दोनों का परस्पर सम्बन्ध कहाँ तक है, या है भी कि नहीं कहना कठिन है। क्योंकि बाह्य रूप से किसी के लिंग की पहचान उसकी देह से, उसके चिह्नों–आवाज़, दाढ़ी, स्तन आदि से की जाती है। दूसरी ओर भावना के स्तर पर वह व्यक्ति बिल्कुल भिन्न लिंगी हो सकता है। कुछ पुरुषों को औरत की गन्ध से नफ़रत होती है और कुछ स्त्रियों को पुरुष गन्ध से। ये प्राकृतिक रूप से ही ऐसे होते हैं। बहुत–सी विषमलिंगी महिलाओं को घर–परिवार में पुरुषों की वहशियाना हरकतों, उनके अति क्रूर व्यवहार एवं बहुत बार बलात्कार से गुज़रने के कारण भी पुरुष गन्ध से नफ़रत हो जाती है। व्यक्ति के जननांग कितने अविकसित हैं, यह शैशवावस्था के पश्चात समझना मुश्किल है। उसका आत्मसम्मान उसे यह बताने ही नहीं देता। इसीलिए पहले समलिंगभोगी (Homosexual) या भिन्नलिंगभोगी (Hetexosexual) शब्दों का प्रयोग किया जाता था, किन्तु अब इनके स्थान पर एंड्रोसेक्सुअल (Androsexual) पुरुषों के प्रति आकर्षण रखने वाला व्यक्ति एवं गाइनोसेक्सुअल (Gynosexual) स्त्रियों की तरफ़ आकर्षित होने वाला व्यक्ति इन दो शब्दों का प्रयोग शुरू हो गया है।

कुछ समूहों को लिंग (sex) व लिंगभाव (gender) का पृथक–पृथक मानना व इस पर चर्चा करना स्वीकार्य नहीं है। उनका मानना है कि लिंग के अनुसार ही लिंगभाव निश्चित होता है। वह कहते हैं कि पुरुषों को कितना ही यह अनुभव होता रहे कि 'मैं स्त्री हूँ' पर स्त्री की देह और फिर सन्तान को जन्म देने का अनुभव केवल एक स्त्री को ही हो सकता है जो अपने में एक विशिष्ट अनुभव है।

शोधकार्य

आजकल ट्रांसजेंडर्स पर विश्व में ख़ूब शोध कार्य हो रहे हैं। एक मनुष्य ऐसा क्यों होता है? 1997 में जे.एन. झाउ, एम.ए. हॉफमन, एल. जे. गूरेन

और डी.एफ. स्वाब इन सबने ट्रांसजेंडर व्यक्तियों के दिमाग़ को अनेक प्रकार से परखने का प्रयास किया। इनके शोध कार्य से निष्कर्ष निकला कि व्यक्ति के दिमाग़ में लैंगिक व्यवहार निश्चित करने वाला एक भाग होता है, जिसे बैड न्यूक्लिअस ऑव स्ट्रिया टर्मिनलीज कहते हैं। पुरुष से स्त्री बने हुए व्यक्ति के ब्रेन में ये BSTS स्त्रियों के ब्रेन जैसा दिखाई देता है। बड़े होने पर लिंग के अनुसार तैयार होने वाले हार्मोन्स का BSTS पर कुछ असर नहीं होता। वह स्वतन्त्र रूप से जेंडर आइडेंटिटी (लिंगभाव की पहचान) पर प्रभाव डालता है। इस शोध से पहली बार यह सिद्ध हुआ कि विकसित होते समय ब्रेन और सेक्स हार्मोन्स की परस्पर क्रिया–प्रतिक्रिया में से ही जेंडर आइडेंटिटी तैयार होती है।

इसके पश्चात 2008 में मेलबर्न के प्रिंस हेनरीज इंस्टीट्यूट ऑफ़ मेडिकल रिसर्च में ट्रांसजेंडर्स के जीन्स पर शोध किया गया। इसमें पाया गया कि ट्रांसजेंडर्स के एंड्रोजन और टेस्टोस्टरॉन इन दो सेक्स हार्मोन्स के रिसेप्टर जीन्स ट्रांस जेंडर न होने वाले पुरुषों से बड़े व लम्बे होते हैं। इसी कारण उनकी जेंडर आइडेंटिटी स्त्री की बनती है। ब्रेन के विकास के समय यदि टेस्टोस्टेरॉन का स्तर कम किया जा सके तो ऐसा नहीं होगा। आमतौर पर इन्सान में 23 जोड़े क्रोमोसोम होते हैं। इसमें 23वें क्रोमोसोम से लिंग निर्धारण होता है। ऐसा देखा गया है कि इन जोड़ों में से 7,14,16,21 और 28 का आकार अन्य सामान्य इन्सानों से अलग होता है। इनमें 28वें क्रोमोसोम का ज़्यादा महत्त्व होता है। इसे 'गे' जीन भी कहा जाता है। चिकित्सकीय दृष्टि से पहली पुस्तक **'सेक्सुअल डेविएशन** 'लिखने वाले डॉ. विकास ढिकव के अनुसार इसके मुख्यतः 5 कारण हो सकते हैं। आनुवंशिकता को भी एक बड़ा कारण माना जाता है। ढिकव बताते हैं कि समलैंगिकता में टेस्टोस्टेरॉन का लेवल कम पाया जाता है। यह हार्मोन आक्रामकता को कम करता है। इसके साथ ही इनमें सीरम प्रोलेक्टिन का स्तर भी ज़्यादा पाया गया है। यह शारीरिक बनावट के लिए ज़िम्मेदार होता है। इसके ज़्यादा हो जाने से पुरुषों का वक्ष और कूल्हे का उभार बढ़ जाता है। महिलाओं में इसके विपरीत असर होता है।

ढिकब कहते हैं कि दिमाग़ का एक ख़ास हिस्सा होता है, जिसे इंसुला कहते हैं। समलैंगिकों में इंसुला बढ़ा हुआ होता है, जो उनकी भावनाओं व व्यवहार को रहस्यमय बना देता है। यह रचनात्मकता व

अध्यात्म भाव को बढ़ाता है। कई बार अनावश्यक नियन्त्रण एवं वर्जनाओं से भी बच्चों का व्यवहार बदलता है।

डॉ. पुनीत विसारिया के अनुसार 'हिन्दी में चार वर्ग हैं–बुचरा, नीलिमा, मनसा और हंसा।' (किन्नर विमर्श, 2016)

वास्तविक हिजड़े तो **बुचरा** होते हैं, जो जन्म से ही न स्त्री न पुरुष ही होते हैं।

नीलिमा वो हैं, जो किसी कारणवश अपने को हिजड़ा बनने को समर्पित कर देते हैं। यह धार्मिक कारण भी हो सकता है। आर्थिक–सामाजिक कारणों से भी ऐसा किया जाता है।

मनसा वे हैं, जिनका शरीर पुरुष का एवं मन स्त्री का होता है।

हंसा में वो लोग आते हैं, जो शारीरिक कमी या यौन न्यूनताओं की कमी से हिजड़ा बन जाते हैं।

नक़ली हिजड़ों को अबुआ कहते हैं। धन के लोभ में ये अपने को हिजड़ा दिखाते हैं।

ज़बर्दस्ती बनाये गये हिजड़े छिबरा कहलाते हैं। परिवारों की रंजिश या अपने किसी स्वार्थ के कारण इन्हें हिजड़ा बना दिया जाता है। प्राचीन काल में राजा, सामन्त यही करते थे।

किन्नरों की आबादी

2011 की जनगणना के अनुसार पूरे भारत में 4 लाख नब्बे हज़ार किन्नर थे। हालाँकि इसके विशेषज्ञों का मानना था कि यह संख्या 30 लाख से ऊपर थी। इनमें से एक लाख 37 हज़ार केवल उत्तर प्रदेश में ही थे। किन्नरों में शिक्षितों का प्रतिशत 86 था। इन 86 प्रतिशत में आधे से ज़्यादा स्वाँग रचाने वाले हैं। आश्चर्य की बात है कि चार लाख में से असली किन्नर सिर्फ़ 400 ही हैं जो बुचरा कहलाने लायक हैं। दो लाख हिजड़ों में से लगभग सत्तर हज़ार ऐसे हैं, जिनको छोटे से ऑपरेशन से लिंग परिवर्तन करके सामान्य स्त्री या पुरुष बनाया जा सकता है।

इन सभी शोधों से कुछ निश्चित परिणाम तो नहीं निकाले जा सकते हैं, परन्तु चिकित्सकों का इनके प्रति व्यवहार बदलने लगा है। पहले अमेरिका व यूरोप में यह मानसिक असन्तुलन माना जाता था। इसे जेंडर आइडेंटिटी डिसऑर्डर कहा जाता था। कुछ व्यक्तियों में यह असन्तुलन

होता है, परन्तु चिकित्सा करने के बाद कभी–कभी ठीक भी हो जाता है। सभी ट्रांसजेंडर्स के लिए यह निदान सही साबित नहीं होता।

किन्नरों के प्रकार

इनमें चार प्रकार के व्यक्ति हैं। समलिंगी आकर्षण वाली स्त्रियाँ 'लेस्बियन्स' कहलाती हैं। समलिंगी आकर्षण वाले पुरुषों को 'गे' कहा जाता है। पुरुष एवं स्त्री दोनों के प्रति आकर्षित होने वालों को 'बायसेक्सुअल' कहते हैं और जन्मतः जो लिंग होता है उससे भिन्न लिंगभाव रखने वाले एवं उसी प्रकार जीवन जीने का प्रयास करने वाले विषमलिंगी व्यक्ति 'ट्रांसजेंडर्स' कहलाते हैं। आजकल संक्षेप में इन चारों को एक नाम एलजीबीटी (LGBT) दे दिया गया है।

जब बच्चा छोटा होता है तो कई बार उसका शरीर लड़के का होता है पर वह व्यवहार लड़कियों जैसा करता है। इससे उलटा भी कि शरीर लड़की का होता है पर वह लड़कों जैसी हरकतें करती है। बहुत सारे बच्चे किशोरावस्था तक पहुँचते–पहुँचते अपने शरीर के अनुकूल व्यवहार करने लगते हैं। लेकिन कुछ बच्चे बड़े होने तक सामान्य नहीं हो पाते। उनके इस व्यवहार पर समाज में उनकी हँसी उड़ाई जाती है।

अमेरिकन सायकिएट्रिक एसोशिएसन ने इसकी चिकित्सा के कुछ मानदण्ड स्थापित किये हैं। उन्हीं के अनुसार यदि आवश्यकता अनुभव होती है तो ऐसे बच्चों/किशोरियों की चिकित्सा की जाती है।

ट्रांसजेंडर्स में कुछ और भी प्रकार होते हैं। कुछ अपने लिंगभाव के अनुसार शरीर में परिवर्तन चाहते हैं, जिसकी सुविधा आज चिकित्सा जगत् में उपलब्ध है। इस चिकित्सा में हार्मोन्स लेना, शल्यक्रिया करवा लेना आदि समाविष्ट हैं। व्यक्ति इसमें से अपना चुनाव करके चिकित्सा द्वारा जो चाहता है, करवा लेता है। इस चिकित्सा प्रक्रिया को लिंग का पुनर्निधारण (Reassignment of sex or gender) कहा जाता है। कुछ इसे लिंगनिश्चय (Gender affirmation) भी कहने लगे हैं। इनमें ट्रांससेक्सुअल मैन–जो जन्म से स्त्री होते हैं पर अपने को चिकित्सा द्वारा पुरुष रूप में बदलवा लेते हैं। इन्हें ट्रांसमैन भी कहा जाता है। फीमेल टू मेल भी इन्हें ही कहा जाता है। दूसरे, जो जन्म से पुरुष होते हैं, परन्तु अपने को चिकित्सा द्वारा स्त्री रूप में बदलवा लेते हैं। इन्हें ट्रांससेक्सुअल वूमेन (Transsexual Women) कहा जाता है। इन परिवर्तनों के बाद कुछ व्यक्ति

अपने को सामान्य रूप से पुरुष या स्त्री ही कहलाना पसन्द करते हैं, ट्रांसजेंडर नहीं। उनका आग्रह यही रहता है।

ट्रांसजेंडर में ही ड्रैगक्वीन्स (Drag Queens), ड्रैग किंग्ज (Drag Kings), जेंडरक्वीयर (Genderqueer) ये अन्य प्रकार हैं। कुछ लोग स्त्री या पुरुष इन दोनों में ही फिट नहीं बैठते। ये न तो अपने को पूर्ण पुरुष और न ही पूर्ण स्त्री मानना चाहते हैं क्योंकि इन्हें स्वयं ही ऐसा अनुभव होता है। अतः ये अपने को स्त्रीवाची या पुरुषवाची सम्बोधनों से बुलाना या कहलवाना पसन्द नहीं करते। He-She के स्थान पर Zie एवं His, Her के स्थान पर Hir कहलाने का आग्रह रहता है इनका। ऐसे लोगों के लिए कुछ अन्य विशेषण या पर्यायवाची शब्द प्रयुक्त होते हैं। जैसे–

एंड्रोयन्स (Androgynous), मल्टीजेंडर्स (Multigenders), जेंडर नॉनकन्फ़र्मिंग (Gender Nonconforming), थर्ड जेंडर (Third Gender) और टू स्पिरिट पीपल (Two Spirit People) आदि। इनमें थर्ड जेंडर के लिए भारतीय साहित्य में 'तृतीया प्रकृति' शब्द का प्रयोग बहुत प्राचीन काल से होता रहा है।

कारण

ट्रांसजेंडर मनुष्य ऐसे क्यों होते हैं, इसका आज भी कोई निश्चित कारण नहीं बताया जा सकता। कोई ठीक स्पष्टीकरण नहीं दिया जा सका है। इनके अपने लिंगभाव के अनुभव इतने भिन्न–भिन्न हैं कि उनसे कोई ठोस निष्कर्ष नहीं निकाला जा सकता। पर गर्भ में होते वक़्त जीन्स का परिणाम, हार्मोन्स का स्तर जैसे कुछ जीवशास्त्रीय तत्त्व ही इसके कारक होते होंगे। जन्म के पश्चात इनके आसपास के वातावरण, बचपन एवं किशोरवय में और उसके बाद कुछ और बड़ा होने के बाद इनके मन में उठते हुए भाव, कुछ विशेष अनुभव, कुछ अजीब से सन्देह कि 'मैं असल में कौन व क्या हूँ' जैसी बातों का प्रभाव होता है। इसी से इनके लिंगभाव की पहचान (Trans Gender Identity) बनती है।

भावनात्मकता

एक ट्रांसजेंडर को ये अनुभव अलग–अलग प्रकार से आयु के किसी मोड़ पर होता है। पर मुख्य रूप से किशोरावस्था में ही ये सन्देह पनपने लगते हैं, जब अपने जननांगों या देह के रूप से वे अपने को कुछ अलग–कुछ

पृथक–सा महसूस करते हैं। अर्थात् लड़के को यह अहसास कि 'मुझे लड़की होना चाहिए था' तथा लड़की को यह कि 'उसे लड़का होना चाहिए था'। कुछ लोगों को युवा होने के बाद या और थोड़ा बड़ा होने पर भी ऐसा लगना शुरू हो जाता है और वो अपने को समझने का प्रयास करने की ओर बढ़ते हैं। स्वयं पर कुछ–कुछ प्रयोग भी करते हैं। कुछ लोग तनाव भी अनुभव करते हैं। मन अनेक संकल्प–विकल्पों में घूमने लगता है। इनमें से कुछ तो जल्दी ही इस संशयचक्र से निकलकर अपनी एक पहचान बना लेते हैं। पर कुछ लोग संकोच एवं लज्जावश उलझन में ही पड़े रह जाते हैं। इसमें से निकलने में लम्बा समय लग जाता है। कई तो अपने इस लिंगभाव से बेहद असन्तुष्ट से तनाव में घिरे रहते हैं। कुछ समझदारी से अपनी ट्रांसजेंडर प्रकृति को स्वीकार करके लिंगीय पहचान बनाने के लिए चिकित्सक की शरण में चले जाते हैं और एक निश्चित एकतरफ़ा पहचान बना लेते हैं।

ट्रांसजेंडर के विषय में यह बात ध्यान देने योग्य है कि इनकी मानसिकता में जीना आसान तो नहीं ही होता, कहना तो यह चाहिए कि बेहद मुश्किलों भरा होता है। बड़ी जटिल प्रक्रिया है यह। इनके जीवन के साथ शारीरिक, मानसिक, पारिवारिक, सामाजिक, आर्थिक आदि अनेक प्रश्न जुड़े होते हैं, जिनका समाधान आसान नहीं होता।

अपने नये लिंग के अनुसार अभिव्यक्ति देना, व्यवहार करना, समाज में उठना–बैठना इन सभी के लिए अपेक्षित प्रयास का अभ्यास करना होता है। अपने लिए सुरक्षित स्थान बनाना पड़ता है। शुरू–शुरू में धीरे–धीरे बदलाव करते हुए आगे बढ़ना होता है। जैसे–जैसे अभ्यास बढ़ता है, राहें सरल होने लगती हैं।

सामाजिक–राजनीतिक स्तर पर भी ध्यान रखना होता है। पूरी काग़ज़ी कार्यवाही करनी पड़ती है। आसपास के लोगों को भी इस सबकी आदत धीरे–धीरे ही बन पाती है। इनके नये लिंग की स्वीकार्यता में भी समय की अपेक्षा रहती है।

द. कोरिया में व ब्रिटेन में किन्नर शोध-कार्य

दक्षिण कोरिया में इस विषय में जो शोध कार्य किये गये उनके निष्कर्ष रूप में कुछ तथ्य बताये गये। खोज में यह ज्ञात हुआ कि सामान्य

स्त्री–पुरुषों की तुलना में हिजड़ों की आयु अधिक होती है। इसमें इनका बन्ध्याकरण भी सहायक होता है।

शोधकर्ताओं के अनुसार बचपन में यदि अण्डकोश काट दिया जाये तो विकास बाधित होने से बच्चा पूर्ण पुरुष के रूप में विकसित नहीं हो पाता। वैज्ञानिकों का मानना है कि पुरुष हार्मोन आयु को कम करता है।

शोध से जुड़े एक कोरियन वैज्ञानिक डॉ. शीयोल कूली कहते हैं कि अण्डकोश कट जाने से स्त्रियों के लक्षण विकसित हो जाते हैं–जैसे आवाज़ भारी न होना, मूँछें न आना, नितम्ब एवं छाती भारी हो जाना आदि।

ब्रिटेन में बुढ़ापे पर किये गये शोध के अनुसार–कोरिया का यह शोधकार्य रोचक है, लेकिन इनकी दीर्घ आयु का राज़ इनकी जीवन–शैली है। क्योंकि ये खुलकर बोलते हैं, रोते हैं, हँसते हैं, नृत्य–गीत में रुचि होती है व पेशा भी यही अपनाते हैं। अतः इनका स्वास्थ्य अच्छा रहता है, आयु लम्बी हो जाती है। लैंकेस्टर विश्वविद्यालय की डॉ. डेविड क्लैंसी का कहना है कि शोध के परिणाम कुछ सुझाव अवश्य देते हैं, परन्तु निर्णायक तौर पर कुछ नहीं कहा जा सकता।

इधर कोरियन वैज्ञानिकों का मानना है कि उम्र की लम्बाई सन्तानोत्पत्ति के आधार पर देखी गयी है। मनुष्य में जितनी उर्वराशक्ति होगी उतनी आयु कम होगी। मानवेतर प्राणियों में यह पूर्णतया सिद्ध हो गया है। यद्यपि मानवों में यह कुछ कठिन प्रतीत होता है किन्तु राजाओं के महलों–हरमों में रहने वाले इन तृतीय पन्थियों की आयु 14 से 19 प्रतिशत तक ज़्यादा पायी गयी है।

लिंग एवं लिंगभाव

शरीर रचना में लिंग और लिंगभाव महत्त्वपूर्ण तत्त्व हैं। लिंग बाह्य शरीर का एक अंग है और लिंगभाव मानसिक प्रक्रिया है। कुछ किन्नरों में लैंगिकता पुरुष की होती है, परन्तु लिंगभाव स्त्री का होता है। गर्भ धारण के पश्चात छह सप्ताह तक स्त्री के गुणसूत्र xx एवं पुरुष के xy होते हैं। उसके बाद वाई (y) पर स्राई (Sry) जीन प्रक्रिया में गतिमान होकर टेस्टोस्टेरॉन के सम्प्रेरक पुरुष लिंग को तैयार करने का कार्य करता है। कभी–कभी गुणसूत्रों की गड़बड़ी से एवं जीन की प्रक्रियागत गति दोषपूर्ण होने से सम्प्रेरकों के कम–ज़्यादा होने से जननांग पूर्ण विकसित

नहीं होता, लिंग का निश्चय करने में भ्रम पैदा कर देता है। टेस्टोस्टेरॉन के प्रभाव में कमी आने पर लिंग नर का और लिंगभाव स्त्री का होने पर भ्रूण हिजड़े के रूप में जन्म लेता है। ज्योतिष के अनुसार जन्मकुण्डली में बुध, शनि, शुक्र एवं केतु—इन अशुभ योगों से व्यक्ति किन्नर या नपुंसक हो सकता है। इनका सारा व्यवहार, चाल, पहनावा, साथी का चुनाव आदि सभी स्त्री जैसा होता है। इनमें से कुछ हिजड़ों को पूर्ण पुरुष बनने की इच्छा नहीं होती, बल्कि स्त्री की तरह स्तनों का विकास और योनि होनी चाहिए। ऐसी कामना जागती है—चिकित्साशास्त्र आज बहुत प्रगति कर चुका है। अतः ये या तो स्त्री हार्मोन लेना चाहते हैं या फिर शल्यक्रिया द्वारा लिंग परिवर्तन चाहते हैं। पाश्चात्य देशों में यह चिकित्सा आम बात है। भारत में भी सुविधा मिल गयी है।

पुरुषलिंगी—इनकी मुश्किल लिंगभाव के कारण ही पैदा होती है, क्योंकि देह के अनुरूप चेहरे पर दाढ़ी एवं सामान्य छाती होने के कारण समाज इनसे पुरुष के लिंगभाव की ही अपेक्षा रखता है। स्त्रीलिंगी हिजड़े से स्त्रीभाव की अपेक्षा रहती है। सामान्य नर—नारी इस अन्तर को समझ नहीं पाते।

निर्णय के क्षण

बचपन में सभी बच्चों का व्यवहार एक जैसा ही होता है। जैसे—जैसे ऐसे बच्चे बड़े होते हैं, उनका लिंगभाव सामने आना शुरू हो जाता है। इन लड़कों की रुचियाँ, दोस्त, पहनावे का ढंग, हाव—भाव, बोलने का ढंग सब बदलने लगता है। उम्र के 6 से 8वें साल के बीच यह सब शुरू हो जाता है। धीरे—धीरे इन्हें अन्य बच्चों से अपनी भिन्नता अनुभव होने लगती है। चूँकि शरीर का लिंग कुछ और, और जीने का तरीक़ा, मन के भाव कुछ और तरीक़े के हो जाते हैं तो इनमें एक संशय, एक चिन्ता, एक बेचैनी तथा अकेलेपन का अहसास घर कर जाता है। ऐसे लड़के किशोरावस्था में हड़बड़ा से जाते हैं। देह पुरुष की और मन स्त्री का। समाज की इनसे लड़कों के अनुरूप व्यवहार की अपेक्षाएँ होती हैं। इस सबसे जो दोहरा जीवन जीने की विवशता इनके सामने आने लगती है वह इन्हें बहुत ही मुश्किल में डाल देती है। शुरू में ये लड़के अपने आन्तरिक संघर्ष को दबाते रहते हैं, पर कब तक? आख़िर में वह लड़का अपने मन को समझा

लेता है और समाज में भी उसे अभिव्यक्त करने का प्रयास करता है। उस समय समाज की ओर से जो दबाव, जो परिहास, जो व्यंग्य, माँ–बाप का खीझ भरा व्यवहार, उपेक्षा आदि झेलने पड़ते हैं, उससे वह समाज से बाहर निकल जाता है, एक प्रकार से उसका निष्कासन ही हो जाता है। वह स्वयं ही हिजड़ों के समुदाय में पहुँच जाता है। वहाँ उसे अपने जैसे लोग मिलते हैं। अपनापन मिलता है। यहाँ आकर वह आश्वस्त हो जाता है कि उसकी मानसिकता कोई विचित्र बात नहीं है।

किन्नर संस्कृति

वेद

किन्नर का पर्यायवाची 'क्लीब' शब्द अथर्ववेद में बैल के बन्ध्याकरण के लिए प्रयुक्त है। मानव सन्दर्भ में इसका कोई उल्लेख नहीं मिलता।

रामायण—वाल्मीकि रामायण में भी ऐसा कोई शब्द नहीं मिलता। आजकल एक मिथक रामकथा का प्रसिद्ध है कि राम जब रावण को मारकर अयोध्या लौटे तो नगर—द्वार पर हिजड़े उनकी प्रतीक्षा में चौदह वर्ष से खड़े थे। राम ने सभी से कुशल—मंगल पूछा, कुछ कार्य बताये। एक समूह अलग खड़ा था। राम ने उनके विषय में पूछा तो उन्हें बताया गया कि जाते समय आपने सभी स्त्री—पुरुषों को कुछ कार्य बताये थे, यह तृतीय लिंगी लोग हैं, इनके लिए कुछ नहीं कहा, तब से ये यहीं हैं।

राम ने उनकी भक्ति से प्रसन्न होकर वरदान दिया कि बालक के जन्म एवं विवाह के अवसरों पर उनको मंगलप्रद स्थान मिलेगा। उनका आशीर्वाद सफल होगा। तभी से ये किन्नर केवल मांगलिक अवसरों में आते हैं और आशीर्वाद देते हैं। इन्हें मंगलमुखी नाम दिया गया। मातम पर ये शामिल नहीं होते। वाल्मीकि रामायण में तो ऐसी कोई कथा नहीं है। यह प्रसंग अन्य भाषा की किसी रामायण में हो सकता है। मान्यता है कि इनके हाथ से एक रुपया मिल जाये तो व्यक्ति धनवान हो जाता है। यह कथा पुराणों में कहीं आयी लगती है या फिर हिजड़ों की आजीविका का साधन बनाने के लिए किसी संवेदनशील व्यक्ति ने यह कथा जोड़ दी होगी। भारत के समाज की यह परम्परा सदियों पुरानी है कि जो भी यहाँ उपयोगी लगा, समाज के किसी भी तबक़े के जीवन के लिए, उसे धार्मिक परम्पराओं या धार्मिक साहित्य में जोड़ दिया।

महाभारत—का रचनाकाल ई.पू. 2000 के बाद का है। महाभारत में

किन्नरों का स्पष्ट उल्लेख मिलता है–बृहन्नला एवं शिखण्डी के प्रसंग के रूप में।

काशीराज की तीन पुत्रियाँ थीं। भीष्म उनके स्वयंवर में पहुँचे और अपने भाई विचित्रवीर्य के लिए स्वयंवर से तीनों पुत्रियों का हरण करके ले आये। आकर पता चला कि बड़ी पुत्री अम्बा किसी से प्रेम करती है, यह बात जानकर भीष्म ने उसे उसके प्रेमी के पास पहुँचाने का प्रबन्ध कर दिया, परन्तु अम्बा वहाँ से तिरस्कृत होकर लौट आयी। वापस आने पर अम्बा ने भीष्म पर ज़ोर डाला कि वह उससे विवाह करें। भीष्म आजन्म ब्रह्मचर्य का व्रत ले चुके थे। अम्बा ने भीष्म से प्रतिशोध की प्रतिज्ञा की और घोर तप किया। उसके बाद उसने एक राजा की पुत्री के रूप में जन्म लिया। पिछली स्मृतियों के कारण उसने पुनः तप किया। शिव प्रसन्न हुए और उसकी मनोकामना पूर्ण होने का वरदान दिया। अब अम्बा ने राजा द्रुपद की पुत्री शिखण्डी के रूप में जन्म लिया। आकाशवाणी हुई कि उसका पालन–पोषण एक पुत्र के रूप में किया जाये। उसे युद्धकला का प्रशिक्षण भी दिया गया। महाभारत के युद्ध में दसवें दिन शिखण्डी को अर्जुन के आगे भीष्म के सामने खड़ा कर दिया गया। भीष्म ने शिखण्डी को पहचान भी लिया। वह एक स्त्री पर शस्त्र प्रहार नहीं कर सकते थे। शिखण्डी के सहारे से अर्जुन ने भीष्म को पराजित कर दिया। बाद की कथा में कहा गया है कि शिखण्डी का विवाह हुआ। उसकी पत्नी उसके सत्य को समझ गयी और उसका अपमान किया। शिखण्डी आत्महत्या के लिए पंचाल से भाग गया। वहाँ एक यक्ष ने उसकी सहायता की।

इस कथा से यह स्पष्ट है कि तृतीय वर्ग तब समाज से अलग–थलग होकर नहीं रहता था।

एक दूसरा प्रसंग बृहन्नला के रूप में अर्जुन का भी महाभारत में आता है। महाभारत की कथा के अनुसार पाण्डवों के वनवास के समय एक वर्ष उन्हें अज्ञातवास में बिताना था अर्थात् किसी को पता न चले कि वो कहाँ हैं। यह वर्ष पाण्डवों ने विराट नगर में नाम और वेश बदल कर बिताया। अर्जुन अपने पिता इन्द्र से मिलने स्वर्ग गये। वहाँ स्वर्ग की अप्सरा उर्वशी अर्जुन पर मोहित हो गयी। अर्जुन ने उसकी इच्छा स्वीकार नहीं की तो उसने अर्जुन को एक वर्ष तक क्लीब (नपुंसक) बने रहने का श्राप दे दिया। अर्जुन ने इस श्राप का उपयोग अज्ञातवास के लिए किया। उन्होंने बृहन्नला नाम से राजा विराट की पुत्री उत्तरा को नृत्य की शिक्षा

दी। यूँ वृहत्+नल–(यहाँ ल् र् का अन्तर न मानने के कारण नल के स्थान पर नर माना जाता है।) अर्जुन एक महामानव के रूप में सबके सामने आते हैं। बृहत्–महा, नल–नर (मानव) = महामानव।

बौद्ध धर्म

ईसा से पाँच–छह शताब्दी पूर्व बुद्ध का समय माना जाता है। ईसा पूर्व के लिखे जातकों में कहीं–कहीं बुद्ध को किन्नर कहा गया है। कुछ विद्वान् भी बुद्ध को किन्नर मानते हैं। पर बुद्ध का विवाह हुआ और सन्तान भी हुई। अतः 'किन्नर' शब्द यहाँ तृतीया प्रकृति के रूप में नहीं लिया जा सकता।

पाँचवीं शताब्दी में पाणिनि के व्याकरण ग्रन्थों में तृतीया प्रकृति, तृतीय लिंग–नपुंसकलिंग आदि का उल्लेख है। परन्तु यह उल्लेख सामान्य रूप में है विशेष रूप में नहीं।

कामसूत्र

वात्स्यायन के कामसूत्र का समय ईसा से सात सौ वर्ष पूर्व से तीन सौ वर्ष पूर्व के बीच माना जाता है। कामसूत्र के साम्प्रयोगिक अधिकरण के नवम अध्याय में तृतीया प्रकृति की मैथुनिक क्रिया का वर्णन किया है–**द्विविधा तृतीया प्रकृति : स्त्रीरूपिणी पुरुषरूपिणी च।** (9.1) इसकी व्याख्या 'तृतीया प्रकृतिर्नपुंसकम्' तृतीया प्रकृति का अर्थ नपुंसक है। अर्थात् जो न+पुंसक = पुंस् अर्थात् पुरुष। जो पुरुष नहीं है। स्पष्ट है कि जो पुरुष जैसा दिखाई देते हुए भी पुरुष नहीं है। कामसूत्र में आगे लिखते हैं कि **तयोः सम्यक् स्त्रीत्वख्यापनार्थं तावत्स्त्रीधर्मानुकरणम्। तत्र वेषं केशपरिधानादिविन्यासेन।** अर्थात् इनको अपने स्त्रीरूप को दिखाने के लिए केश एवं वस्त्र–विन्यास आदि स्त्रियों का करना चाहिए। कई अन्य पण्डितों ने हिजड़ों को नायिका भी कहा है। यदि कोई राजकुमार या सरदार का पुत्र कामक्रीड़ा में कमज़ोर होता था तो उसे सिखाने के लिए हिजड़ों की सहायता ली जाती थी। उन्हें नियुक्त किया जाता था। इसके अतिरिक्त वात्स्यायन इन्हें उचित या अनुचित कुछ नहीं कहते।

संस्कृत साहित्य

कालिदास की रचनाओं में भी किन्नरों का उल्लेख मिलता है। 'मेघदूत', 'रघुवंश' एवं 'कुमारसम्भव' तीनों काव्यग्रन्थों में किन्नरों का यक्ष, गन्धर्व

आदि के साथ वर्णन है। कालिदास का समय भी प्रथम ईसा पूर्व लगभग ही माना जाता है।

कई पुराणों में किन्नरों का उल्लेख एक अलग जाति के रूप में मिलता है। इनके बारे में प्रवाद मिलते हैं–

ब्रह्मा की छाया और अँगूठे से इनकी उत्पत्ति बताई गयी है। कहीं–कहीं अरिष्टा और कश्यप इनके माता–पिता हैं। कैलाश पर्वत पर ये शिव की सेवा करते हैं। इन्हें देवताओं का भक्त व गायक माना गया है। यक्षों की तरह ये भी नृत्य एवं गीत में प्रवीण माने जाते हैं। विराट पुरुष इन्द्र व हरि इनके पूज्य देवता हैं। कहा गया है कि कृष्ण के दर्शनों के लिए ये द्वारिका भी गये थे। इन्होंने सप्तर्षियों से धर्म का ज्ञान लिया। चित्ररथ को इनका अधिपति मानते हैं।

शिवपुराण के अनुसार, किन्नरों की उत्पत्ति का श्रेय शिव को दिया जाता है। जब ब्रह्मा ने पुरुषों को पैदा करना शुरू किया तो बहुत समय लग रहा था। शिव से प्रार्थना करने पर उन्होंने आधे भाग से नारी का सृजन किया और शिव अर्धनारीश्वर रूप में प्रकट हुए। इसी से सम्भवतः 'किन्नर' शब्द की परिकल्पना हिजड़ों के लिए की गयी।

पौराणिक भूगोल के अनुसार, जम्बूद्वीप का एक भाग किंपुरुष वर्ष है। किम् + नर (पुरुष)। इसका नाम जम्बूद्वीप के आग्नायि राजा के पुत्र किंपुरुष के नाम पर पड़ा था। किंपुरुष आदि आठ वर्षों के निवासियों को जरामृत्यु के भय से रहित माना गया है। यह देश सम्भवतः नेपाल या तिब्बत का प्रदेश होगा, जहाँ पुरुष एवं किन्नरी (किन्नर पत्नी) का निवास था। आज भी हिमाचल प्रदेश में स्थित तिब्बत की सीमा के निकट क्षेत्र में रहने वाली कुछ जातियाँ किन्नर कन्नोजिया कहलाती हैं। महाभारत में अर्जुन के सन्दर्भ में किंपुरुष देश पर विजय का वर्णन है। कालिदास ने भी यक्षों की स्थिति मानसरोवर के निकट अलकापुरी में मानी है। कुबेर किन्नरेश कहे जाते हैं।

बौद्ध जातकों में किन्नर चन्द्रपर्वत, गन्धमादन, मलयगिरि और त्रैकुटक पर्वतों पर रहते थे। वे जोड़ों में घूमते थे। बाणभट्ट भी आखेट करते हुए किन्नर युगलों का उल्लेख करते हैं। बोधगया, साम्बी और पाटलिपुत्र के शिल्पों में अश्वमुखी यक्षिणी दिखाई देती है।

महाकवि माघ के 'शिशुपालवध' महाकाव्य में भी किन्नर घोड़े के मुख वाले के रूप में वर्णित हैं।

आयुर्वेद–आयुर्वेद के अनुसार देवजाति के देवताओं के अतिशय भोग के कारण गुप्तांग जल गये थे। इसी कारण कुत्सित नर (किन्नर) के रूप में इस शब्द का भाव है।

अर्थशास्त्र–कौटिल्य के अर्थशास्त्र में कहा गया है कि राजा को हिजड़ों पर हाथ नहीं उठाना चाहिए। संस्कृत नाटकों तथा हिन्दी, उर्दू उपन्यासों के अनुसार हिजड़ों को हरमों, महलों के अन्तःपुरों में पहरेदारों के रूप में रखा जाता था, जिससे रानियाँ, बेगमें सुरक्षित रहें।

इतिहास के अनुसार, अलाउद्दीन खिलजी के समक्ष नुसरत ख़ान हिजड़े को पेश किया गया था, बाद में अलाउद्दीन ने उसे अपना सैन्य कमांडर और सलाहकार नियुक्त किया। यह देवगिरि में गवर्नर भी रहा अन्त में सूबेदार हो गया। इतिहासकारों के अनुसार यह हिजड़ा था। बहुत से राजाओं के दरबार में हिजड़े राजा की कूटनीति में सहायक बने ऐसा उल्लेख मिलता है। मुसलमान बादशाहों को इनकी ताक़त व वीरता का पता था और उस पर विश्वास भी था। इन्हें कई प्रकार के कामों में नियुक्त किया जाता था। ग़रीब लोग आजीविका के लिए लिंगछेदन कराकर हिजड़ा बन जाते थे। उसकी कमाई से परिवार पल जाता था। गुजरात के सुल्तान मुजफ़्फ़र ने मुमिन उल्मुल्क, जो हिजड़ा था, उसे कोतवाल नियुक्त किया था।

जहाँगीर ने इफ़्फ़ितखार ख़ान, को जागीर का फ़ौजदार बनाया। यह भी हिजड़ा था।

ख़्वाजासरा हिलाल का नाम भी प्रशासनिक अधिकारी के रूप में जहाँगीर से जुड़ा है। जहाँगीर की अदालत में भी ख़ान नामक एक किन्नर था। औरंगज़ेब ने शाहजहाँ को परेशान करने के लिए उस पर एक किन्नर तैनात किया था।

इस प्रकार हम देखते हैं कि अंग्रेज़ी शासनकाल से पूर्व किन्नर भारतीय समाज में अन्य लोगों की तरह सामान्य जीवन जी रहे थे।

पश्चिमी देशों में किन्नर

बाइबिल में किन्नरों के लिए यूनक (Eunuch) शब्द प्रयुक्त हुआ है, जिसका अर्थ है जिसका लिंग काट दिया गया हो (Castrated males) अथवा जो जन्म से बच्चा पैदा करने में अक्षम हो। कुछ लोग अपनी आजीविका के लिए भी हिजड़ों जैसे रहते हैं। उन्हीं की तरह कपड़े पहनते हैं। उन्हीं की

तरह के हाव–भाव दिखाते हैं। यद्यपि ये यौनक्रिया ठीक से कर लेते हैं। यह एक उपाधि की तरह होता है। बहुत बार ये स्वेच्छा से औषधियों के द्वारा तथा लिंगछेदन के द्वारा नपुंसक भी बन जाते हैं और यौन भावना को समाप्त कर देते हैं

प्राचीन समय में यह एक सामान्य बात थी कि राजा अपने कुछ सेवकों का लिंगछेदन करवा देते थे। विशेष रूप से हरमों में रखने के लिए। रानी के हिजड़ों का ईस्टर (Esther 404) में उल्लेख है। इसके अतिरिक्त कुछ लोग स्वर्ग की आकांक्षा में हिजड़े बन जाते थे। बाइबिल में तीन प्रकार के हिजड़ों का वर्णन है। स्वाभाविक, स्वैच्छिक एवं अन्य (राजा, सामन्त आदि) के द्वारा बनाये गये।

पहले, जिनमें स्वाभाविक रूप में कुछ लिंगविकृति होती है या उनमें कामभावना नहीं होती। ये लोग विवाह नहीं करना चाहते। दूसरे स्वैच्छिक, जो अपने स्वामी को प्रसन्न करने के लिए उसकी सेवा के लिए हिजड़े हो जाते हैं। कुछ लोगों को ईश्वर हिजड़ा बनने को कहता है, इसलिए वो ब्रह्मचारी बन जाते हैं।

कुछ गे समूहों का कहना है कि जीसस ने होमोसेक्सुअल (Gay and Lesbians) स्त्रियों एवं पुरुषों की बात की है, पर बाइबिल इस शब्द का प्रयोग नहीं करती। जबकि यूनक का बार–बार प्रयोग है। यूँ भी पाप या दुष्कर्म के रूप में यूनक का कोई उल्लेख नहीं है। होमोसेक्शुएलिटी को ओल्ड एवं न्यू टेस्टामेंट में पाप कहा गया है।

बाइबिल कहती है जो हिजड़ा बनना चाहते हैं वे बनें–Let the one, who is able to receive this, receive it. ये सूखे पेड़ की तरह हैं अतः इनके लिए स्वर्ग में स्थान है।

I will give them an everlasting name that shall not be cutoff,
who keep my sabbaths, अन्य भाई बहनों से इन्हें ऊँचा माना गया है।

एस्पिनॉज नामक मुख्य हिजड़े को राजा ने इज़राइल के कुछ लोगों को लाने के लिए कहा, जो शाही परिवार से हों, अपराधरहित हों चैल्डियस की भाषा व साहित्य पढ़ाने के लिए। राजा का सेवक, जो एक इथियोपियन हिजड़ा था जिसका नाम एडेड मेलेश (Eded melech) था, राजा के ख़ज़ाने का इंचार्ज (प्रभारी) था। (रोमन्स 1:25–29) में कहा गया है कि वो पुरुष, जो अन्य पुरुष के साथ लज्जाजनक कार्य करते हैं उन्हें उनकी ग़लती के लिए उचित दण्ड मिलता है। ईश्वर ने उन्हें अत्यन्त भ्रष्ट

बुद्धि बनाया है, वह कार्य करने के लिए, जिसे नहीं किया जाना चाहिए। ये एक हिजड़े को ग़लत, बुराई से भरा, धोखेबाज, द्वेषी, ईर्ष्यालु, हत्यारा, लोभी कहते हैं। 1995 में लोनिया की कथाओं के अनुसार, जो पुरुष सबसे पहले उत्पन्न हुआ उसके दो सिर थे। एक स्त्री का व एक पुरुष का। उसके शरीर में भी स्त्री–पुरुष दोनों की इन्द्रियाँ थीं। बेबीलोन के राजा के महल में हिजड़े नियुक्त थे। अनेक देशों के प्राचीन साहित्य में कहा गया है कि पहले स्त्री–पुरुष जुड़े हुए (भोगरत) थे, बाद में पृथक–पृथक हुए। भारत में इसे युग्मक–यमल सृष्टि कहते हैं। किन्नर कामदेव एवं रति का युग्मक रूप हैं। किन्नरदेव काम के उपासक थे।

इज़रायल में भी राजा का सेवक हिजड़ा था। बाइबिल में एक स्थान पर लिखा है कि स्वर्ग के राज्य के लिए जो जन्म से नपुंसक हैं या जिन्हें लोगों ने ऐसा बना दिया है अथवा जिसने स्वयं को नपुंसक बना लिया है, उनको यदि स्वर्ग में स्थान मिलता हो तो मिले। अविवाहित व्यक्ति ईश्वर के विषय में अधिक उत्सुक रहता है। (कोरिन्थियन्स–7:29–40)

रोम में हिजड़ों या यूनकों को नीचा समझा जाता था। चर्च समलैंगिकता को अपराध मानता था। **लेबोशियर अमेंडमेंट ऑफ़ 1885** के अनुसार समलैंगिकता को बहुत भद्दी बात माना गया। प्रसिद्ध आयरिश कवि ऑस्कर वाइल्ड को समलैंगिकता के अपराध में क़ैद करके जेल में डाल दिया गया है। प्राचीन ग्रीस में भी यह सामान्य बात नहीं थी। मुख्य रूप से एक वयस्क पुरुष और एक अवयस्क लड़के के बीच सम्बन्ध को जूडो क्रिश्चियन एवं मुस्लिमों में अपराध माना जाता था।

विद्वानों के अनुसार, भारत में वैदिक काल से ही नपुंसक समाज का हिस्सा थे। बच्चे, बूढ़े, पुरुषत्वहीन, ब्रह्मचारी, तृतीया प्रकृति जो सन्तान उत्पन्न करने में अक्षम थे–इन्होंने समाज में सन्तुलन बनाने का कार्य किया। जैसे मधुमक्खियों में छत्ता बनाने के कार्य में अलिंगी मधुमक्खियाँ अपना कार्य करती हैं।

वैदिक जीवन पद्धति में कोई भी जीव ग़लत नहीं है। सभी के अस्तित्व का कोई–न–कोई उद्देश्य, भाग एवं कारण है। प्राचीन भारतीय समाज में नपुंसक समाज का ही भाग थे। उनके लिए मूल अधिकार वही थे, जो अन्य स्त्री–पुरुषों के थे। वे दण्डनीय भी नहीं थे। इनमें शादीशुदा भी होते थे। अथवा स्त्री वस्त्रों में रहते थे। नृत्य, गीत और अभिनय में भाग लेते थे। नाई का कार्य भी करते थे। वेश्या के कार्य से भी आजीविका

चलाते थे। घरों में सेवक का कार्य करते थे। समाज के लिए किसी भी प्रकार का भय उत्पन्न नहीं करते थे। आकर्षण से रहित होने से इनका समाज में भिन्न स्थान था–ये सभ्य समाज का ही भाग थे। लिंगछेदन का कोई उल्लेख मानव के सन्दर्भ में नहीं मिलता।

प्राचीन इतिहास के अनुसार, मुस्लिमों के भारत आगमन के बाद लिंगछेदन की परम्परा प्रारम्भ हुई और अंग्रेज़ों के आगमन के बाद से समलिंगी सम्बन्ध भयानक अपराध की श्रेणी में आ गया। ब्रिटिश विद्वानों द्वारा hermaphrodite का ग़लत अनुवाद किया गया–भ्रष्ट महिला। जबकि इसका अर्थ उभयलिंगी होता है। शण्ड–शब्द का अर्थ है–जो स्त्री की तरह व्यवहार करे। कामसूत्र में मुखमैथुन तृतीया प्रकृति के लिए सामान्य व्यवहार है, परन्तु अन्य वेश्याओं, सामान्यजनों, सेवक–सेविकाओं आदि के लिए इसका निषेध किया गया है। आचार्य वात्स्यायन ने इसे असभ्य आचरण माना है। यह शास्त्र विरुद्ध भी है। आयुर्वेद में भी यह दुष्कर्म, निन्दनीय एवं त्याज्य है। इससे कुष्ठ, मिर्गी आदि भयानक रोगों का डर बना रहता है। अपनी विवाहिता स्त्री के साथ मुखमैथुन सर्वथा त्याज्य एवं अत्यन्त गर्हित कर्म माना गया है। वशिष्ठ ऋषि ने कहा है कि–

यस्तु पाणिगृहीतायां मुखे मैथुनमाचरेत्
पितरस्तस्य नाश्नन्ति दशवर्षाणि पंच च।

जो लोग यह कार्य करते हैं उनके पितृ उनके हाथ से तर्पण को पन्द्रह वर्ष तक स्वीकार नहीं करते।

दक्षिण कोरिया के चोसुन वंश के शासन के दौरान उपलब्ध दस्तावेज़ों के आधार पर ज्ञात होता है कि वहाँ शाही दरबार में 81 किन्नर काम करते थे। इनका जन्म 1392 से 1861 के बीच माना गया है। इनकी औसत आयु 70 वर्ष मानी गयी है, हालाँकि कुछ की उम्र 100 वर्ष से भी ऊपर थी। इन 81 हिजड़ों में से तीन को छोड़कर सभी की आयु 100 से ऊपर थी।

किन्नर समाज

यूँ तो हिजड़ों का इतिहास उतना ही पुराना है, जितनी मानवीय सृष्टि; क्योंकि यह तो कोई नहीं बता सकता कि प्रथम मानव युगल कौन व कैसा था। परम्परागत रूप से बहुत से देशों में मानव सृष्टि के विषय में अलग–अलग कथाएँ मिलती हैं। सभी प्राचीन सभ्यताओं ने किसी–न–किसी रूप में इन कथाओं की सृष्टि की है। भारत में मनु की कथा, मुसलमानों में आदम–हौवा, अंग्रेज़ों में एडम–ईव आदि। पर जैसे सृष्टि का आरम्भ नहीं जाना जा सकता वैसे ही कोई भी विद्वान, वैज्ञानिक, इतिहासकार आदि बता नहीं सकते कि अण्डा पहले आया कि मुर्गी।

बहरहाल, अनुमान से यह तो कहा ही जा सकता है कि मानव सृष्टि में नर एवं नारी के साथ यह तीसरा वर्ग भी अस्तित्व में आया है। मानव इतिहास में इस तृतीया प्रकृति का सर्वप्रथम आधिकारिक उल्लेख हम वात्स्यायन के कामसूत्र में पाते हैं जो ईसा पूर्व तीसरी से सातवीं शताब्दी के मध्य लिखा गया। 'किन्नर' शब्द को इस सन्दर्भ में प्रामाणिक नहीं माना जा सकता।

कामसूत्र के बाद के जो भी थोड़े–बहुत उल्लेख विशेष रूप से महाभारत में बृहन्नला व शिखण्डी आदि के मिलते हैं वे बहुत सामान्य रूप में कथा में पिरोये गये हैं। यहाँ इन मानवों को प्रशंसित या निन्दित के रूप में नहीं देखा गया।

भारत में न तो मुस्लिमों के आगमन से पूर्व और न ही मुस्लिमों के शासन के दौरान हिजड़ों के बारे में कोई विशिष्ट टिप्पणी उपलब्ध है। जहाँ भी उल्लेख है, सामान्य रूप में प्रशासन व समाज के अंग के रूप में है।

दुर्दशा का कारण

ऐसे में प्रश्न उठना स्वाभाविक है कि फिर आज जो हिजड़ों के हालात हैं, उनकी जो दुर्दशा है, उसका क्या कारण है? वह कैसे हो गयी? उन्हें

समाज से अलग क्यों कर दिया गया? जब भारत के सामाजिक इतिहास पर नज़र डालते हैं तो पता चलता है कि देश में अंग्रेज़ी शासन होने के बाद हिजड़ों के जीवन में समस्याएँ खड़ी हुईं।

पश्चिमी प्रभाव

असल में यूरोप में विशेष रूप से रोम में चर्चा समलैंगिकता को अपराध की श्रेणी में रखता आया था। यूरोपियन समाज में पहले से ही समलैंगिक सम्बन्ध अस्वीकार्य ही नहीं रहे, अपराध भी माने जाते थे।

सवाल उठ सकता है कि समलैंगिक सम्बन्ध तो पुरुष–पुरुष एवं स्त्री–स्त्री के बीच होते हैं। इनमें हिजड़े कैसे आ गये तो इसका सीधा–सा उत्तर है कि हिजड़ों में अस्सी प्रतिशत लड़के या पुरुषलिंगी ही होते हैं। बीस प्रतिशत स्त्रीलिंगी होते हैं। इनमें बहुत से पुरुषलिंगियों के जननांग पूर्णरूप से विकसित नहीं होते। इसी प्रकार स्त्रीलिंगियों में भी अण्डकोश एवं गर्भाशय नहीं होता।

अपनी इस शारीरिक कमी के कारण इनमें कामभावना की कमी नहीं होती। ये केवल सन्तान उत्पन्न करने में समर्थ नहीं होते। अपनी कामपूर्ति के लिए पुरुषलिंगी हिजड़े पुरुष की तरफ़ आकर्षित होते हैं। इनका शरीर बहुत कुछ पुरुष जैसा होता है। दाढ़ी–मूँछ आ जाती है। स्तन विकसित नहीं होते, परन्तु पुरुषांग भी अविकसित ही रह जाने से इनमें स्त्रीभाव आ जाता है और इनका झुकाव, इनका आकर्षण किशोरावस्था से ही पुरुष के प्रति हो जाता है।

इसी प्रकार महिलाएँ जिनके जननांग स्त्रियों की तरह पूर्ण विकसित नहीं होते, उनकी देह यद्यपि स्त्रियों जैसी होती है, स्तन भी विकसित होते हैं, परन्तु पूर्ण स्त्री न होने से ये स्त्रियों के प्रति ही आकर्षित रहती हैं। इसे ही समलिंगी सम्बन्ध या समलैंगिकता–गे (पुरुष + पुरुष) एवं लेस्बियन (स्त्री + स्त्री) कहा जाता है।

यूरोप में यदि कोई समलैंगिकता की घटना दिखती थी तो उन्हें पुलिस पकड़ लेती थी। इन्हें जेल में डाल देती थी। कभी–कभी हत्या तक कर दी जाती थी। इस हत्या को अपराध नहीं माना जाता था। चर्च भी इसे अपराध मानता रहा है। यहाँ तक कि ऐसे लोगों को (डेविल) शैतान तक कहा जाता था। चर्च का कहना था कि (no one, whose testicles are crushed or male organ is cutoff shall enter the assembly of god.") अर्थात् जिसके अण्डकोश दबा दिये गये हों अथवा पुरुषांग काट दिया गया हो, ऐसा व्यक्ति ईश्वर के पास नहीं जा सकता।

1948 की किंसे (Kinsey) रिपोर्ट में कहा गया कि तीस प्रतिशत वयस्क पुरुष किसी–न–किसी समलिंगी यौनक्रिया में लिप्त थे। दस प्रतिशत ने माना कि सोलह वर्ष की आयु के बाद वे कभी–न–कभी इसमें लगे। यह और बात है कि यह सब इतना छुपकर होता था कि किसी को पता नहीं चलता था।

1969 में अमेरिका में स्टोनवेल रॉयट्स (Stonewell Riots) में पुलिस ने एक गे बार में छापा मारा तब आम जनता को पहली बार स्त्री एवं पुरुष समलिंगी यौन–सम्बन्धों का पता लगा।

इस प्रकार **हिजड़ों** का जीवन यूरोप, अमेरिका में समानान्तर चल भी रहा था और **प्रकाश** में भी आ गया था।

अठारहवीं शताब्दी में राजशाही ख़त्म होने के बाद हिजड़ों को काम मिलना भी मुश्किल हो गया। ये लोग नृत्य–गीत आदि कलाओं में लिप्त रहते थे और उसी से अपना पेट भरते थे। अंग्रेज़ सरकार का रुख़ इनके लिए नकारात्मक ही था। अतः हिजड़ों की स्थिति ख़राब होती जा रही थी। यद्यपि अपने परिवार में ये बचपन में तो सामान्य जीवन जीते हैं पर किशोरावस्था तक आते–आते इनके अन्दर परिवर्तन आने शुरू होते हैं और ये मानसिक उलझनों में घिरने लगते हैं। साथ ही उम्र के अनुसार इनमें कामभाव विकसित होने लगता है, जो समलिंगी सम्बन्धों में परिणत हो जाता है, बस यहीं से मुश्किल खड़ी होती है।

पाश्चात्य लोगों को, अंग्रेज़ी सरकार को भारत में इन हिजड़ों का व्यवहार अनुचित लगता था, तो सरकार ने 1861 में इनके विरुद्ध क़ानून बनाया, जिनसे इन लोगों को बहुत असुविधाएँ होने लगीं।

भारतीय समाज

पुराने समय में राजा एवं सामन्त अपनी आरामतलबी व कुछ आवश्यकताओं के लिए लड़कों का लिंगछेदन करवा दिया करते थे। 1880 में बड़ौदा के महाराजा गायकवाड़ ने इस बन्ध्याकरण पर प्रतिबन्ध लगा दिया। भारतीय संविधान के अनुच्छेद 320 में इसका उल्लेख भी है। इस प्रतिबन्ध से इनकी संख्या बेशक कुछ कम हो गयी लेकिन प्राकृतिक रूप से

जन्मे इस वर्ग की समस्याएँ तो बढ़ ही रही थी। अंग्रेज़ी सभ्यता इनको अपराधी, हत्यारे, लुटेरे, ठग जैसी दृष्टि से देखती थी, तो धीरे–धीरे भारतीय जनमानस में भी इनके प्रति एक नकारात्मक भाव बनना शुरू हुआ। बच्चा पैदा होने पर या विवाह आदि मांगलिक अवसरों पर अवश्य हिजड़ों को कुछ महत्त्व व धन मिल जाता था, परन्तु इतने से धन से कितनों का और कितना काम चलता? धीरे–धीरे जैसे–जैसे इनकी स्थिति में गिरावट आती गयी, इनके व्यवहार में भी बदलाव आने लगे।

हिजड़ों की सबसे बड़ी समस्या पेट भरने की होती है। जब यह समस्या सामने आयीं तो इन्होंने भीख माँगना एवं इधर–उधर जाकर नाचना–गाना शुरू किया। शहर, गलियों, मुहल्लों में बच्चे के जन्मदिन, परिवारों में विवाह जैसे शुभ अवसरों पर नाचने–गाने के बाद कुछ मेहनताना भी माँगने लगे। त्योहारों पर दुकान से कुछ पैसे भी इकट्ठे करते। धीरे–धीरे यह परम्परा बन गयी कि इन मांगलिक अवसरों पर हिजड़े उपस्थित होंगे। बच्चे को आशीर्वाद देंगे और अपनी दक्षिणा भी लेंगे। साथ ही यदि कोई बच्चा हिजड़ों जैसा पैदा होगा तो उसे अपने साथ ले भी जायेंगे। जब इतने से इनका पेट नहीं भरा तो ये कुछ आक्रामक भी होते गये। जब कोई चारा नहीं दिखा तो असभ्यता भी दिखानी शुरू की। घरों से यदि सही पैसा वग़ैरह नहीं मिला तो अश्लील शब्दों और हरकतों पर उतर आये। अपने कपड़े उतारने लगे ताकि संकोचवश परिवार के लोग इनको इनकी आशा के अनुसार कुछ दे दें और ये उस घर से चले जायें। लोग इनसे डरने भी लगे कि हिजड़ा न जाने सबके सामने क्या अश्लील व असभ्य हरकत व्यक्ति के साथ कर दे। यह सारी परम्परा, समस्त व्यवहार हिजड़ा समाज की मजबूरी है।

असभ्य, अभद्र, गाली–गलौज, ताली बजाकर अश्लील गाने गाना, अश्लील बातें करना आदि के कारण आम जनता की दृष्टि में इनके प्रति असम्मान बढ़ने लगा।

किन्नर समाज

परिवारों में नपुंसक सन्तानें समस्या ही हो जाती थीं क्योंकि किशोरावस्था आते–आते इनका व्यवहार असंगत–सा लगने लगता था। ऐसे व्यक्ति अपने से स्वयं भी परेशान होने लगते थे। आम लोगों को, किशोर साथियों को इनका व्यवहार हास्यास्पद प्रतीत होता है। साथ ही इनके हाव–भाव

स्त्रियों जैसे होने से लड़के आकर्षित भी हो जाते हैं तो इनका शोषण भी होने लगा। अतः अब इनके अलग समूह बनने शुरू हो गये।

मनुष्य मूलतः सामाजिक प्राणी है। फिर हिजड़े भी तो मानव ही है। ये भी जगह–जगह अपने–अपने समूहों में मिलने लगे। समूह बना तो घर–परिवार से अलग निवास की व्यवस्था की आवश्यकता हुई और इस प्रकार हिजड़ों का एक पृथक समाज अस्तित्व में आया। शहरों, गाँवों के किसी एकान्त स्थान में ये समूह बसने लगे। इनके घर प्रायः शहर से बाहर या गाँव में होते हैं।

सामाजिक ढाँचा

आज इनका एक पृथक समाज है। उसका अपना ढाँचा है। अपने नियम –क़ानून हैं। अपना वातावरण है। समूह में रहना मानव का स्वभाव है, उसकी आवश्यकता है अतः मानव जीवन की अनिवार्यता है–यही कहना उचित होगा। हिजड़े भी मानव समाज का ही एक हिस्सा है। उनमें वह सब कुछ है, जो एक मानव को मानव बनाता है। कभी है तो सिर्फ़ प्रजनन क्षमता न होना या समलिंगी कामभाव होना केवल इस कमी के कारण उन्हें पर्याप्त सजा भोगनी पड़ी है।

हिजड़ों, तृतीया प्रकृति या किन्नरों की अपनी एक सामाजिक परम्परा पिछली 2–3 शताब्दियों में विकसित हो गयी है।

सात ख़ानदान कुनबे

सामान्यतः इन हिजड़ों के सात ख़ानदानों की परम्परा सामने आयी है। ये हैं–भिण्डी बाज़ार, बुलावा, लालन, लखनऊ, पूना, दिल्ली एवं हादि इब्राहिम। इनमें स्थानों के अनुसार कुछ परिवर्तन हो जाते हैं। मुख्य रूप से ये सात ख़ानदान हैं। प्रत्येक ख़ानदान का एक मुखिया होता है, जिसे नायक कहा जाता है। उसके नीचे की परम्परा में गुरु की पदवी है। समाज के इन ख़ानदानों में मुख्य रूप से नायक एवं गुरु इन दोनों का ही क़ानून चलता है। गुरु हिजड़ों की माँ होती है। ऐसे ही दादा गुरु, परदादा गुरु–एक गुरु का परिवार होता है। परिवार का वारिस गुरु ही तय करता है। जिसे वारिस बनाना होता है, उसे परिवार के रीति–रिवाज अच्छी तरह सिखाये जाते हैं। यदि गुरु ने तय नहीं किया हो तो सभी सात घरानों के नायकों की पंचायत बैठाकर वारिस तय किया

जाता है। समाज के सभी फ़ैसले ये पंच ही करते हैं। इन्हें समाज में आदर दिया जाता है। उन्हें जो अधिकार होते हैं, उनको ये नायक अभ्यास से प्राप्त करते हैं। इन दोनों का ही क़ानून चलता है। यदि इनके क़ानून का, इनके कहने का पालन नहीं किया तो उसके लिए सज़ा मिलती है। प्रत्येक ख़ानदान या समूह के नियम, क़ायदे, क़ानून भिन्न–भिन्न होते हैं। ये ख़ानदान अपनी परम्परा, अपने नियम किसी और को बताते नहीं हैं, जब तक कोई उस ख़ानदान में जुड़ता नहीं है। इस सब बातों को गुप्त ही रखने का नियम है। इस बन्धन में ख़ानदान का प्रत्येक सदस्य बँधा रहता है। शहरों, गाँवों में जहाँ भी इनके ख़ानदान हैं, सभी अपने–अपने मुख़बिर यानी जासूस रखते हैं, जिन्हें मुखबिरी के लिए पैसे दिये जाते हैं। यही लोग बच्चे के जन्म आदि की ख़बर इन तक पहुँचाते हैं। साथ ही कोई बच्चा असामान्य हो तो भी उन्हीं से पता चल जाता है। पूरे साल में दो बार इनकी पंचायत बैठती है। इसमें सातों ख़ानदानों के नायक सम्मिलित होते हैं। इस पंचायत में प्रत्येक सदस्य के कामों का, उनकी ग़लतियों का पंचनामा किया जाता है। किसने कौन से नियम का पालन नहीं किया। किसने कौन–कौन से ग़लत काम किये–यह सब हिसाब दिया जाता है और फिर उसके अनुसार ही दण्ड दिया जाता है। यदि कोई सदस्य गुरु के कहने में नहीं चलती, उस ख़ानदान के नियमों पालन नहीं करता या नहीं करना चाहता अथवा गुरु से किसी प्रकार का मतभेद हो जाता है और वह सुलझता नहीं है तो उसे उस ख़ानदान से बाहर कर देते हैं। बहुत बार वह व्यक्ति ख़ुद ही निकलकर किसी दूसरे ख़ानदान के गुरु के पास चला जाता है। किसी ख़ानदान से बाहर निकलने पर जुर्माना भरना पड़ता है। यदि गुरु से परस्पर सम्बन्ध अच्छे हो और नियम का पालन नहीं हो पा रहा हो या फिर दूसरे ख़ानदान में कुछ छूट हो तो सम्बन्धित ख़ानदान का गुरु ही अपनी सहमति से दूसरे गुरु के पास भेज देता है।

प्रक्रिया

इन ख़ानदानों में शामिल होने की प्रक्रिया भी बहुत आसान नहीं होती। जो बचपन से ही इनमें पले होते हैं, उनको भी इन प्रक्रियाओं से गुज़रना होता है या नहीं, यह तो पता नहीं चलता, क्योंकि हिजड़े अपने ख़ानदानों की बातें किसी को जल्दी से नहीं बताते। जो हिजड़ा या व्यक्ति बड़ा होकर इनसे जुड़ता है, उसे पहले अपने एक गुरु को चुनना पड़ता है।

फिर उस ख़ानदान की परम्परा के अनुसार कुछ रस्में होती हैं, जिनसे उसे गुज़रना पड़ता है। यह रस्म हिजड़ा समाज में एक प्रकार का अधिकृत पंजीकरण होता है। यह रीति करते हुए उसे एक दुपट्टा ओढ़ाया जाता है। एक साड़ी दी जाती है। ख़ानदान की अपनी एक निशानी होती है, वह दिखाई जाती है। नियम बताते हैं। फिर एक हिजड़े को कैसे जीना है, इसका प्रशिक्षण शुरू होता है। एक हिजड़े का स्त्री से सम्बन्ध बनाना वर्जित माना जाता है।

प्रशिक्षण

प्रशिक्षण का अर्थ है कि किसी ने हिजड़ा होने का फ़ैसला लिया तो उसे दीक्षा देने का समारोह होता है। उसे 'रीत' कहा जाता है। कुछ विधियाँ होती हैं। ब्राह्मण परिवारों में जैसे 'मूंज' नाम से दीक्षा दी जाती है वैसे ही यह भी है। इस समारोह के लिए गुरु उस व्यक्ति को ले जाता है। ख़ानदान का नायक उसे दीक्षा देता है। जब विधि पूरी हो जाती है तभी वह व्यक्ति हिजड़ा कहलाता है। जिस गुरु के नीचे आना होता है, उसका इतिहास बताते हैं। ख़ानदान के सारे नियम बताये जाते हैं–व्यवहार कैसे करना है? क्या–क्या शिष्टाचार अपनाने है? आने वाले को पानी कैसे देना है अर्थात् पानी का गिलास कैसे पकड़कर लाना चाहिए? उसे नीचे से पकड़कर लाना है। मेहमान को देते समय दोनों हाथों की अंजलि बनाकर उसमें रखकर देना होगा। साड़ी कैसे पहननी है और यह ध्यान रखना है कि चलते समय साड़ी का पल्ला किसी से छुए नहीं। गुरु का सम्मान सदा करना होगा। उसके कपड़े पहनना मना है। गुरु के सिरहाने नहीं बैठना चाहिए। गुरु का नाम भी नहीं लेना चाहिए। इतना ही नहीं अपने ख़ानदान का नाम भी किसी के सामने नहीं लेना होता। गुरु को जवाब नहीं देना चाहिए। उसकी प्रत्येक बात को आँख बन्द करके मानना चाहिए। उसकी बात को ध्यान से सुनना होगा। गुरु को अपनी माँ जैसा समझना होगा। हर शिष्य को अपने गुरु को माँ मानना और गुरु द्वारा उसे अपने बच्चे जैसा मानना चाहिए। वैसे ही प्यार देना चाहिए। सम्भवतः मूल रूप में पुरुष होने के कारण अहंकार की पुष्टि इसी प्रकार की जाती है। क्योंकि गुरु अपने शिष्यों पर अधिकार जताता रहता है। प्यार तो करता ही है। गुरु शिष्य के जीवन पर ही अपना अधिकार जताने का प्रयास करता है गुरु। वह अपने अधिकार के विषय में बहुत जागरूक व दृढ़ रहता है।

उसका कहा शिष्य टाल नहीं सकता, चाहे जो हो जाये। जैसे भी हो गुरु का मान–सम्मान बना रहना चाहिए। हालाँकि यह व्यक्तिगत तौर पर होता है कि गुरु बना किन्नर कितनी स्वतन्त्रता देता है। जैसे घरों में माता–पिता पर ही निर्भर होता है कि उनका स्वभाव कैसा है, विचार कैसे हैं।

इसके अतिरिक्त जब आप एक नये समाज में प्रवेश करते हैं तो अपने पिछले समाज की आदतें पड़ी रहती हैं। जैसे एक लड़की जब विवाह होकर पतिगृह में आती है तो उससे यही अपेक्षा की जाती है कि वह अपने पिता के घर के व्यवहार को, वहाँ के चाल–चलन, खान–पान आदि को भूलकर पति के घर की परम्पराओं पर चलेगी। मैके से कटकर ही लड़की इस घर को अच्छी तरह अपना पाती है। इसी प्रकार एक लड़का जब हिजड़ा समाज से जुड़ता है तो उसे अपने पिछले समाज को भूल जाना होता है। इस प्रकार जिस समाज में अब तक जिये, उससे कटकर रहने का प्रशिक्षण, भीख माँगना, तालियाँ बजाना, मीठा बोलना काम न निकले तो अर्थात् कोई पैसा न दे तो उससे कैसे वसूला जाये इसकी ट्रेनिंग या फिर पैसा वूसलने का कोई और तरीक़ा इस सबका अभ्यास करना होता है। अपनी आजीविका अर्जन करने के तरीक़े सीखना इनकी विवशता भी है।

जो गुरु बनता है या व्यक्ति जिसे गुरु बनाता है उस गुरु के सबसे बड़े चेले उसकी बड़ी (ज्येष्ठ) बहनें होती हैं। ये नयी आयी सदस्या की मौसियाँ बनती हैं। गुरु की गुरु नानी होती हैं।

लिंगछेदन-निर्वाण

कहा जाता है कि लिंगछेदन करवाये बिना हिजड़े को पूर्णत्व प्राप्त नहीं होता। फिर भी सभी ख़ानदानों में यह अनिवार्य नहीं होता। यदि यह रीति करनी हो तो फिर इसे विधिवत किया जाता है। इसको 'निर्वाण' कहते हैं। वहाँ अधिकृत चिकित्सक नहीं होते हैं। असल में लिंग काटना हमारे क़ानून में अपराध की श्रेणी में आता है। इस प्रक्रिया को आध्यात्मिकता से जोड़ा गया है, तभी इसे 'निर्वाण' शब्द दिया गया है। यहाँ एक गुरु पुजारी होता है, जो पहले कुछ पूजा करता है और फिर एक झटके में लिंग काट देता है। किसी–किसी का कहना है कि यह क्रिया खड़े होकर करवानी चाहिए। सब इस बात को नहीं मानते। कुछ स्थानों पर निर्वाण

करने वाले डॉक्टर भी हैं। उनके अपने अस्पताल हैं विशेष रूप से दक्षिण भारत में। कहीं–कहीं हिजड़ा बनाने के लिए दूध के साथ अफ़ीम खिला दी जाती है। इस तरह लड़का अफ़ीम की खुमारी में रहने लगता है। फिर एक दिन उसी खुमारी में उसे लिटाकर चार–पाँच लोग पकड़ लेते हैं। अण्डकोशों को तार से कसकर बाँध देते हैं ताकि रक्तप्रवाह रुक जाये और एक झटके में ही पुरुषांग को हलाल कर दिया जाता है।

तंग गलियों में बने इन अस्पतालों का पता केवल हिजड़ों को ही होता है। कोई किसी पर भी ज़बर्दस्ती नहीं करता। हिजड़े अपने शरीर को पवित्र मानते हैं, इसलिए अपने शरीर पर अपनी इच्छा के विपरीत किसी को भी कुछ भी नहीं करने देते।

निर्वाण के बाद ज़ख्म भरने में महीने–डेढ़ महीने का समय लग जाता है। निर्वाण के बाद ख़ून बहने देते हैं। माना यह जाता है कि पुरुष के अपवित्र खून का बह जाना अच्छा है। इन ज़ख्मों पर तेल व वनौषधियों का लेप लगाया जाता है। यह महीना–डेढ़ महीना बहुत तकलीफ़देह होता है। हर समय इस भयंकर पीड़ा को सहते रहो। पुरुष का ख़ून बह जाने देने के बारे में कहा जाता है कि इसके बाद जो ख़ून बनता है, वह स्त्री का ख़ून बनता है। यह उनकी परम्परा है। वर्ना ख़ून के बारे में चिकित्सा क्षेत्र में केवल रक्त के समूह A B O आदि को ही प्राथमिकता दी गयी है।

इन दिनों पेशाब करने के लिए एक छोटी नली का प्रयोग किया जाता है। हिजड़ों के सिवाय यह व्यक्ति अन्य किसी की ओर नहीं देखता। यह निषिद्ध है। आँखें बन्द करके या आँखों पर चादर आदि ढँककर लेटे रहना होता है।

पूर्ण हिजड़ा परम्परा

हल्दी मेंहदी निर्वाण होने के बाद यह व्यक्ति पूर्ण रूप से हिजड़ा मान लिया जाता है। इसके ठीक होने के बाद एक कार्यक्रम किया जाता है, जिसे 'हल्दी मेंहदी' कहते हैं। इसमें हिजड़े के मुख एवं हाथ–पैरों में हल्दी लगाई जाती है। माथे पर बिन्दी लगाते हैं। मुँह मीठा करवाया जाता है। सिर से रुपये वारे जाते हैं। वारकर नोटों को फेंक देते हैं। नोट उछालकर हिजड़े के आसपास बिखेरे जाते हैं। नाच–गाना होता है। यह रस्म 'दृष्टि' कहलाती है।

चटला

इसके बाद आख़िरी रस्म होती है, जिसे 'चटला या चटायी' कहा जाता है। इसमें हिजड़े को नहलाकर तैयार किया जाता है। हरे रंग की साड़ी, हरा ब्लाउज़, हरे रंग की ही चूड़ियाँ, हरे रंग के अन्य गहने पहनाये जाते हैं। उसके हाथ में दूध से भरा जग दिया जाता है, जिसे समुद्र में डालकर अपना कटा पुरुषांग समुद्र को दिखाया जाता है। काले कुत्ते एवं हरे पेड़ के सामने भी ऐसा किया जाता है। प्रकृति ने जिस रूप में हमें भेजा था, उस रूप को हमने बदल दिया है, यह प्रकृति को दिखाकर उससे आशीर्वाद लिया जाता है। हिजड़े की मृत्यु तक यह याद रखा जाता है कि वह एक पुरुष था। उसके अन्तिम संस्कार के समय ऐसे हिजड़ों के शरीर में रुई या आटे का लिंग बनाकर लगा दिया जाता है।

ये रस्में प्रत्येक ख़ानदान में एक जैसी नहीं होतीं। कहीं बड़ी बिन्दी नहीं लगाई जाती। ज़्यादा चूड़ियाँ भी नहीं पहनाते साथ ही बड़ी नथनी भी नहीं पहनाई जाती। दक्षिण भारत की ये परम्पराएँ उत्तर भारत में कुछ परिवर्तनों से निभाई जाती हैं।

मृत्यु

हिजड़ों की बिरादरी में यदि कोई बुज़ुर्ग मरता है तो देशभर के हिजड़े एक स्थान पर इकट्ठे हो जाते हैं। इस अवसर पर वो अपनी–अपनी समस्याओं पर चर्चा करते हैं। साथ ही देश–दुनिया में क्या हो रहा है, उस पर भी बातें होती हैं। नाच–गाना भी होता है। इनका ये समागम एक प्रकार से सम्मेलन ही होता है। इसका एजेंडा भी सबको पहले से पता होता है।

धार्मिक विश्वास

हिजड़े देवी पूजा करते हैं एवं शिव पर भी आस्था रखते हैं। इनकी देवी का नाम बहुचरा माता या मुर्गे वाली देवी है। जिसका वाहन मुर्गा है इसी से इसे मुर्गेवाली देवी कहा जाता है। इसके विषय मे अनेक कथाएँ फैली हुई हैं।

एक कहानी है कि चम्पानेर का राजा बारिया था। उसके कोई लड़का नहीं था। फिर उसके सपने में मुर्गे पर बैठी हुई देवी आयी। उसने कहा

कि तुम्हें एक लड़का होगा। पर उसे ज़िन्दा रखने के लिए उसका लिंग काटना होगा और हरी साड़ी भी पहननी होगी। यह देवी बहुचरा माता थी।

बहुचरा माता की एक कहानी और भी प्रचलित है। यह हिन्दू धर्म की प्रमुख देवी है और सारे भारत में पूजी जाती है। गुजरात की प्रमुख कुलदेवी है। प्रमुख मन्दिर गुजरात संथोल में है। किन्नर समाज की इष्ट देवी है। किन्नर किसी भी धर्म या समाज से हो, इसकी पूजा ज़रूर करता है।

कहानी कुछ इस प्रकार है–एक राजा के एक सन्तान थी। लड़का था, पर देखने में लड़की जैसा। जैसे–जैसे वह बड़ी हुआ उसकी आवाज़ भारी हो रही थी। चेहरे पर भी दाढ़ी–मूँछ उगनी शुरू हो गयी। किन्तु शक्ल–सूरत, चाल–ढाल, हाव–भाव लड़कियों के थे। राजा राजमहल से बहुत कम निकलने देते थे। उस पर तरह–तरह की पाबन्दियाँ लगा दी थीं। चिकित्सा के लिए राजा ने बड़े–बड़े हकीमों, वैद्यों को बुलाया, पर अन्त में पता चला कि उनकी इकलौती सन्तान न लड़की थी न लड़का। राजा–रानी बहुत दुखी हुए। हर समय अपनी फूटी क़िस्मत को कोसने लगे। यह सब देखकर उनकी उस सन्तान को भी बहुत दुख हो रहा था। वह भी अपने भाग्य को कोसती रहती थी। एक दिन स्वप्न में एक देवी आयीं और कहा कि उदास मत हो। फलानी जगह किन्नरों का डेरा है, वहाँ एक तालाब है। यदि उसमें स्नान कर लोगे तो तुम्हारा दुख मिट जायेगा। राजा अपनी उस सन्तान को वहाँ ले गया। वहाँ पहुँचकर देखा तो बहुत से किन्नर नाच–गा रहे थे। किसी देवी की उपासना कर रहे थे। तभी सामने से एक कुतिया भागती हुई आयी और तालाब में घुस गयी। जब बाहर निकली तो वह कुत्ता बन चुकी थी। यह देखकर इस बच्चे को भी हैरानी हुई। वह भी तालाब में नहाने चला गया। जब नहाकर निकला तो माँ बहुचरा की कृपा से वह किन्नर योनि से मुक्ति पा गया था। एक राजकुमार बन गया था।

एक और कहानी है कि एक राजकुमारी थी, जिसका बहुत बड़े घराने में विवाह हुआ। लड़का राजकुमार ही था, लेकिन उसका व्यवहार महिलाओं जैसा था। हाव–भाव भी स्त्रियों जैसे। जब भी यौन–सम्बन्ध बनाने का कोई अवसर आता, वह जंगल की ओर भाग जाता था। जब बहुत बार ऐसा ही हुआ तो एक माता राजकुमारी के रूप में आयीं और उन्होंने उस राजकुमार का पुरुषांग काट डाला। यह माता और कोई नहीं बहुचरा देवी ही थीं।

एक अन्य कहानी में एक पुरुष ने स्त्रीरूपी माता से बलात्कार करने का प्रयत्न किया। माता ने उसे नपुंसक होने का श्राप दे दिया। उस आदमी ने शाप से मुक्ति की प्रार्थना की तो माता ने कहा कि जंगल में जाकर पहले स्त्री जैसा व्यवहार करो, तभी तुम्हें इससे मुक्ति मिलेगी।

इस प्रकार अलग–अलग कई कहानियाँ बताई जाती हैं बहुचरा देवी की। इसका मुख्य मन्दिर गुजरात में अहमदाबाद के पास है। यह सभी हिजड़ों के लिए तीर्थस्थान हैं। लोग वहाँ अपने लड़कों के बाल चढ़ाने के लिए जाते हैं। ऐसी मान्यता है कि यदि बाल न चढ़ाये जायें तो माता लड़के का लिंग माँगती हैं।

हिजड़े शिव की भी पूजा करते हैं। अर्धनारीश्वर नटराज के रूप में शंकर–पार्वती, पुरुष–स्त्री अथवा पुरुष–प्रकृति का संगम माना जाता है। उत्तर भारतीय हिजड़े शिव के इसी रूप को बहुत ज़्यादा महत्त्व देते हैं। इसके लिए पुराणों आदि धर्मग्रन्थों का प्रमाण देते हैं।

अरावन कथा

महाभारत में अरावन की कथा आती है। पाण्डवों में द्रौपदी के साथ समय बिताने को लेकर कुछ नियम व शर्तें बनी हुई थीं। एक बार अर्जुन से ग़लती से एक नियम टूट गया तो शर्त के अनुसार उसे एक वर्ष की तीर्थयात्रा के लिए निकल जाना पड़ा। इस यात्रा के मध्य उत्तर पूर्व की तरफ़ अर्जुन को एक विधवा नाग राजकुमारी मिली। जिसका नाम उलूपी था। दोनों में प्यार हो गया और दोनों का विवाह हो गया। इस विवाह के कुछ समय बाद उलूपी ने एक पुत्र को जन्म दिया। इस बच्चे का नाम अरावन रखा गया। अर्जुन समय आने पर उन दोनों को वहीं छोड़कर आगे की यात्रा के लिए निकल गया। युवा होने पर अरावन माँ को छोड़कर अपने पिता के पास आ गया। जब वह आया तब कुरुक्षेत्र में कौरव पाण्डवों का युद्ध चल रहा था। युद्ध के दौरान एक बार पाण्डवों को अपनी जीत के लिए माता काली के सामने अपने एक पुत्र की बलि की आवश्यकता हुई। चर्चा के बीच अरावन इस बलि के लिए मरने को तैयार तो हो गया लेकिन उसने एक शर्त रखी कि वह अविवाहित नहीं मरेगा। एक दिन के विवाह के लिए कोई भी अरावन को अपनी कन्या देने को तैयार नहीं हुआ। कोई कन्या भी एक दिन बाद विधवा बन जाने के कारण उसके साथ परिणय–बन्धन में बँधने को तैयार नहीं हुई। इस पर

कृष्ण ने मोहिनी का रूप धारण किया और अरावन से विवाह रचा लिया। अरावन की मृत्यु के बाद कृष्ण ने एक दिन मोहिनी के रूप में पति की मृत्यु पर ख़ूब विलाप किया।

चूँकि कृष्ण पुरुष होते हुए मोहिनी रूप में आये थे और अरावन से शादी रचाई थी। अतः हिजड़े, जो जन्म से ज़्यादातर पुरुष ही होते हैं, व्यवहार स्त्रियों का करते हैं, दक्षिण भारत में अरावन को अपना मूल पुरुष मानते हैं और स्वयं को अरावनी कहते हैं।

तमिलनाडु की धार्मिक उत्सव

प्रत्येक वर्ष अप्रैल मई में विल्लू पुरम् ज़िले के कुवागम गाँव में अरावनी मन्दिर में 18 दिन का धार्मिक उत्सव मनाया जाता है। यहाँ देशभर से हिजड़े (अरावनी) पहुँचते हैं और अरावन की कथा प्रस्तुत करते हैं। अरावन से विवाह रचाते हैं। उसके बाद अरावन अपने प्राण त्याग देता है। उसके देह त्यागने के बाद ये हिजड़े नृत्य करते हैं, चूड़ियाँ फोड़कर विधवा की तरह विलाप करते हैं।

देहान्त

हिजड़ों की मृत्यु की रस्म के बारे में अनेक किंवदन्तियाँ फैली हुई हैं। कहा जाता है कि मृत्यु के बाद जूतों से शव की पिटाई होती है, शवयात्रा रात को देर से निकलती है ताकि उसे कोई स्त्री–पुरुष न देख सके। परन्तु सब बातें ग़लत हैं। ये किन्नर अलग–अलग धर्मों से आते हैं। अतः मृत्यु के बाद उसी परम्परा से उनके अन्तिम संस्कार विधिवत किये जाते हैं। शव यात्रा में हिजड़े पुरुष वेश में ही निकलते हैं। अतः किसी को पता नहीं लगता। महिलाएँ किसी भी धर्म में श्मशान में नहीं जातीं।

वैसे इनकी मृत्यु गुप्त रखी जाती है। ऐसी मान्यता है कि कोई सामान्य स्त्री–पुरुष देख ले तो वह हिजड़ा पुनः किन्नर के रूप में ही जन्म लेता है। कहा जाता है कि ख़ानदान में किसी की मृत्यु के बाद ये कुछ दिन उपवास पर रहते हैं। मृत्यु के बाद ये किन्नर मातम नहीं मनाते अपितु ख़ुश होते हैं कि इस बेइज़्ज़ती भरी लाचार ज़िन्दगी से छुटकारा मिला। वैसे भारतीय समाज में भी बूढ़ों की मृत्यु के बाद ख़ुशी मनाने की परम्परा रही है। नाती–पोते गाजे–बाजे के साथ अपने घरों से आते थे। श्राद्ध भोजन भी इसी ख़ुशी में दिया जाता था कि मरने वाले को इस

संसार के दुखों से मुक्ति मिली। परवर्ती काल में इसे धर्म, पाप, पुण्य, जीवात्मा के तुष्ट होने आदि से जोड़ दिया गया। ब्राह्मणों ने अनेक रूपों में धर्म के नाम पर, मुक्ति न मिलने के नाम पर अपने जीवनयापन के सामान व भोजन आदि की व्यवस्थाएँ कर लीं।

किन्नर समाज में जुड़ाव

इस समाज में जुड़ाव अनेक प्रकार से, कई स्तरों पर कई कारणों से होता है। कुछ तो बच्चे ही ऐसे पैदा होते हैं, जिनका कोई लिंग निश्चित नहीं किया जा सकता, क्योंकि इनके जननांग, यौनांग विकसित ही नहीं होते। इस बात का पता चलते ही ऐसे बच्चों को हिजड़े परिवारों से ले आते हैं। किन्नरों को कोई ऐसा पुरुष दिख जाये, जिसकी चाल, हाव–भाव स्त्रियों जैसे हों तो वो इनसे नज़दीकियाँ बढ़ाकर अपने यहाँ निमन्त्रित करते हैं और मौक़ा पाते ही बन्धयाकरण करके समुदाय में शामिल कर लेते हैं। कोई हिजड़ा किसी स्त्री से सम्बन्ध बनाये, यह नियम विरुद्ध माना जाता है।

हिजड़े साहसी होते हैं, अपनी बात से नहीं टलते किन्तु साथ ही इनमें क्रूरता भी हद दर्जे की पायी जाती है। इसका कारण सम्भवतः इनके जीवन की लाचारियाँ हैं। ज़्यादातर हर कोई इनका यौन–शोषण करने पर उतारू रहता है। आजीविका नहीं मिलती। हँसी का पात्र बना दिये जाते हैं। पुरुष जैसे दिखते हैं, परन्तु इनका लिंगभाव स्त्रियों का होता है। इन्हें महिलाओं के समान व्यवहार करना अच्छा लगता हो। महिलाओं से इन्हें एकरूपता अनुभव तो होती है, परन्तु बाह्य रूप से पुरुषों जैसे होने के कारण ये महिला या पुरुष किसी समुदाय और समाज से नहीं जुड़ पाते। दोनों समुदायों से बहिष्कृत होकर अपने समुदाय से जुड़ने के अतिरिक्त कोई रास्ता नहीं होता। यदि नृत्य कला एवं गायन में प्रवीणता हो तो भी हिजड़ा समुदाय से जुड़ना इनकी विवशता ही होती है। अपना स्वतन्त्र व्यक्तित्व बनाने व आत्मनिर्भर बनने के लिए, साथ ही सामाजिकता की भावनावश भी अपने समुदाय से जुड़ना इनके लिए अनिवार्य हो जाता है।

बहुत से पुरुषों के जननांग विकसित भी होते हैं, लेकिन इनका वीर्य पुष्ट नहीं होता। ऐसे पुरुषों में भी स्त्रीभाव रहता है। उनका चलना–फिरना, बात करना सभी में जनानापन होता है। अगर सम्पन्न परिवार से

हों तो ज़रूरी नहीं है कि ये हिजड़ा समाज में मिल जायें। पर यदि परिवार ग़रीब है तो ऐसे पुरुष भी आजीविका के लिए हिजड़ों के पास चले जाते हैं। जहाँ ज़्यादातर लिंगछेदनर या तो ये स्वेच्छा से करवा लेते हैं, अन्यथा ख़ानदान के नायक व गुरु के आदेश से हो जाता है।

गिरिया

कुछ ग़रीब पुरुष एवं स्त्रियाँ हारमोनियम, तबला इत्यादि बजाने के बहाने भी हिजड़ा समुदाय से जुड़ जाते हैं। इन्हें 'गिरिया' कहा जाता है। यदि इनसे किसी सदस्य का प्रेम–सम्बन्ध हो जाये तो सज़ा के तौर पर इनका लिंग काट दिया जाता है। स्त्री हो तो उसका गर्भाशय निकलवा देते हैं। इनके नियम बहुत कठोर हैं।

वेश्यावृत्ति

बहुत से हिजड़े वेश्यावृत्ति में लगे होते हैं। यह इनके नायक या गुरु पर निर्भर करता है। आजकल कॉलगर्ल्स के धन्धे में भी बहुत से हिजड़े जुड़े हुए हैं। कुछ हिजड़े बहुत सुन्दर होते हैं। उनकी सुन्दरता उनके लिए आजीविका का साधन सहज रूप से बन जाती है। हिजड़ों में रतिसम्बन्धों में मुखमैथुन की प्रक्रिया काम करती है। मुखमैथुन के कारण पुरुष इन्हें पसन्द करते हैं। छोटी उम्र के हिजड़ों में कोमलता के कारण पुरुष अधिक दिलचस्पी लेते हैं। विदेशी लोगों में ऐसे हिजड़ों की माँग ज़्यादा रहती है।

नैतिक विचार

बस एक बात इन सभी को ध्यान रखनी पड़ती है कि ख़ानदान के नियमों का उल्लंघन इनके नायक व गुरु सहन नहीं करते हैं। नियमों के उल्लंघन पर कड़ी से कड़ी सज़ा मिलती है।

हिजड़ों के जो नियम हैं, उनमें उनकी कुछ परम्पराएँ हैं, कुछ शिष्टाचार भी हैं, नैतिक विचार एवं आचरण भी हैं। बहुत से हिजड़े राम की कथा से जुड़े हुए कोई ग़लत काम नहीं करना चाहते। कुछ तो भीख माँगना भी ग़लत समझते हैं। यूँ जो भी कुछ होता है, सब इनके नायक व गुरु के विचारों के अनुसार, उनके स्वभाव के अनुसार होता है। अपनी धार्मिक गतिविधियों का ये पूरी निष्ठा से निर्वाह करते हैं।

रीति-रिवाज

जब कोई हिजड़ा होने का फ़ैसला लेता है तो उसे दीक्षा देने का समारोह होता है। इसे 'रीत' कहा जाता है। इस रीत के लिए गुरु के साथ जाना होता है। ख़ानदान का नायक ही दीक्षा देता है। विधि पूरी होने पर व्यक्ति हिजड़ा बन जाता है। गुरु जिस ख़ानदान का होता है, उसी का इतिहास बताया जाता है। हिजड़ा समाज के सारे नियम समझाये जाते हैं। अर्थात् समाज का शिष्टाचार, व्यवहार, चाल–चलन सभी बताये जाते हैं कि कोई आये तो पानी कैसे देते हैं। मेहमान के हाथ में ही गिलास पकड़ाया जाता है। साड़ी पहनना ज़रूरी है। चलते समय साड़ी का आँचल किसी से छू न जाये। गुरु को सम्मान देना होता है। उसके सिरहाने नहीं बैठना चाहिए, उसके कपड़े नहीं पहन सकते, नाम नहीं लेना होगा। ख़ानदान का नाम भी लेना निषिद्ध है। गुरु की बात सिर आँखों पर रखनी होगी।

अधिकांशतः गुरु से आशा की जाती है कि वह अपने शिष्यों को माँ का प्यार देगा। होता यह है कि गुरु माँ का पार्ट अदा करता है, पर पुरुष होने के कारण उसमें शिष्य पर अधिकार की भावना आ जाती है और वह उसकी ज़िन्दगी पर हक़ जताने लगता है उसे लगता है कि वह जो कहे, उसकी बात का अक्षरशः पालन होना चाहिए। इतना होने पर भी उसे गुरु का सम्मान दिया ही जाता है।

उत्तर भारत

दक्षिण भारत एवं उत्तर भारत के हिजड़ों की परम्पराओं में कुछ भिन्नताएँ हैं। उत्तर भारत में हिजड़ों को शुभ माना जाता है। माना जाता है कि यदि किसी का काम न चल रहा हो तो इनसे एक रुपया लेकर पर्स में रख लो तो पैसा आने लगता है। यदि कुण्डली में बुध ग्रह कमज़ोर हो तो हरी चूड़ियाँ व हरी साड़ी हिजड़ों को दान में देने से लाभ होता है। ज्योतिष में बुध ग्रह को नंपुसक माना गया है। यदि इसे शुभ बनाना हो तो किन्नरों को प्रसन्न करना चाहिए। हरे रंग के वस्त्र व मेहँदी देने से व्यापार, बुद्धि, सेक्स जीवन, त्वचा रोग ठीक होते हैं। इन्हें भोजन करवाने से धन–वृद्धि होती है, लोग यह विश्वास करते हैं।

दक्षिण भारत

दक्षिण भारत में तमिलनाडु के कुछ स्थानों पर हर वर्ष एक त्यौहार 'मयना कोल्लई' मनाया जाता है। यह त्यौहार दस दिन चलता है। इन दिनों में किन्नरों को देवी के रूप में पूजा जाता है।

तमिल में स्थानीय देवियों को आंग्ला अम्मा या अंकला अम्मा के नाम से जाना जाता है। यहाँ ये बहुत लोकप्रिय हैं। इनका मूल क्या है? कब से इनकी पूजा शुरू हुई, यह अज्ञात है। इनके मन्दिर गाँव के बाहर बने होते हैं। ये मन्दिर बड़े साधारण से होते हैं। इन देवियों को काली 'अम्मा' का अवतार मानते हैं।

कर्नाटक में इन्हें दैवी शक्ति का अवतार माना जाता है। यह पार्वती का अवतार है, जिसे ब्रह्मा ने राक्षसों के विनाश के लिए एक यज्ञ से उत्पन्न किया था। उत्पन्न होकर देवी ने राक्षसों का विनाश करके लोगों को कष्टों से मुक्ति दिलाई थी। इस पूजा में बकरों व मुर्गों की बलि दी जाती है। वैसे तो यह आम जनता का त्योहार है परन्तु देवनामपट्टनम में किन्नरों को ही देवी का स्वरूप मानते हैं।

रोज़मर्रा में किन्नर सामान्य जीवन ही जीते हैं पर फ़रवरी–मार्च के महीने में जब यह त्योहार मनाया जाता है तो लोग, इन दस दिनों में, किन्नरों को देवी की तरह पूजते हैं। यहाँ इन्हें 'कोथी' कहा जाता है। इस अवधि में इन्हें देवी की तरह सजाते हैं, इनकी पूजा करते हैं और इनसे आशीर्वाद लेते हैं।

इन दस दिनों में किन्नरों पर कुछ प्रतिबन्ध भी लगे रहते हैं। न तो ये शराब पी सकते हैं, न ही पुरुषों के क़रीब जा सकते हैं। सज–सँवर कर गाँव में घूमते हैं और जनता को आशीर्वाद देते हैं। इस त्योहार का समापन शिवरात्रि को होता है।

त्योहार की अवधि में बन्द कमरे में घण्टों इनका शृंगार किया जाता है। सजकर ये ग्रामीणों के समक्ष नाचते हैं। लोग इन्हें अपने–अपने घरों में निमन्त्रित करते हैं। इस त्योहार के कारण कुछ किन्नर यहाँ इतने प्रसिद्ध हो गये हैं कि वे किसी स्थानीय उत्सव के नायक जैसे प्रतीत होते हैं। जनता यादगार के लिए इनके साथ तस्वीरें भी खिंचवाती है। मध्य प्रदेश की राजधानी भोपाल नगर में किन्नरों का कार्निवाल मनाया जाता है।

किंवदन्ती है कि भोपाल में राजा भोज के शासनकाल में सूखा और

अकाल पड़ गया था। राज्य के ज्योतिषाचार्य ने अकाल से मुक्ति पाने के लिए राजा भोज से किन्नरों को 'भुजरिया' करने का आग्रह करने को कहा। तभी से यह परम्परा चली आ रही है। इस उत्सव 'भुजरिया' की तैयारी राखी से 12 दिन पहले शुरू हो जाती है। इसमें गेहूँ के दानों को छोटे–छोटे बर्तनों में मिट्टी में अंकुरित होने के लिए रख देते हैं। ये पौधे (भुजरिया) शान्ति एवं समृद्धि के प्रतीक माने जाते हैं। इन पौधों को सिर पर रखकर यात्रा निकलती है। साथ ही सारंगी व ढोलक की थाप पर मंगलगीत गाते हुए चलते हैं। पहले तो ये किन्नर परम्परागत पोशाकें पहनते थे, अब कुछ पश्चिमी पोशाकें भी पहनने लगे हैं। वर्ष में एक बार होने वाले इस उत्सव पर किन्नर ख़ूब सज–धजकर निकलते हैं। सौन्दर्य प्रसाधनों पर भी ख़ूब ख़र्चा करते हैं। किन्नरों से आशीर्वाद लेने के लिए लोग भुजरिया लेते हैं। मान्यता है कि इनका आशीर्वाद फलता है। गुजरात, राजस्थान, छत्तीसगढ़, महाराष्ट्र से भी सैकड़ों किन्नर इस उत्सव में सम्मिलित होने के लिए आते हैं।

प्रान्तों के आधार पर किन्नरों के बहुत से रीति–रिवाज भिन्न–भिन्न हैं। 15 अप्रैल, 2016 को जब उच्चतम न्यायालय ने किन्नरों को तृतीय लिंग (थर्ड जेंडर) घोषित किया तब वांङ्मय पत्रिका, अलीगढ़ के लिए डॉ. फ़ीरोज़ अहमद एवं डॉ. शमीम ने मनीषा महन्त नामक हिजड़े से साक्षात्कार लिया, जिससे इस समाज के विषय में फैली हुई कुछ भ्रान्तियाँ समाप्त हईं और कुछ नयी बातों का भी पता चला। इंटरनेट के माध्यम से पढ़े गये इस साक्षात्कार के अनुसार किन्नरों की संख्या 40 से 50 लाख तक है। मनीषा महन्त उत्तर भारत से हैं, हिन्दी, पंजाबी, हरियाणवी भाषाओं के जानकार हैं। इनका कहना था कि इस क्षेत्र के 95 प्रतिशत किन्नरों का इस्लामीकरण हो चुका है। इसका कारण तो वह नहीं बता पाये पर यह ज़रूर कहा कि किन्नरों को इस्लाम क़बूल करने के लिए बहुत परेशान किया जाता है। इससे तंग आकर वो इस्लाम में शामिल हो जाते हैं।

इनमें भी उच्च, मध्यम एवं निम्न किन्नरों जैसे वर्ग बने हुए हैं। जो गुरु महन्त होता है, उसका स्थान सबसे ऊँचा होता है। उन्होंने यह भ्रान्ति तोड़ी कि किन्नर गुरु को पति मानते हैं। गुरु के कथनानुसार चलते ज़रूर हैं, क्येंकि वही इनका गाइड, पालक, परिवार का बड़ा होता है, परन्तु पति का दर्जा उसे नहीं दिया जाता। हाँ, इतना ज़रूर है कि जब कोई गुरु

मरता है तो किन्नर उसके शोक में कुछ दिन शृंगार करना, सजना छोड़ देते हैं। उसे फ़क़ीर, साधु–सन्त मानकर आदर दिया जाता है।

किन्नरों का अन्तिम संस्कार भी धर्म व जाति के आधार पर आदर देकर किया जाता है। जब उसे दफ़नाया जाता है या उसका दाह–संस्कार होता है तो उसके परिवारवालों को, यदि होते हैं तो, समाचार दे दिया जाता है। प्रायः वे, उस समय शामिल होते हैं। अन्यथा परिवारवाले, माता–पिता कभी उसकी खोज–ख़बर नहीं लेते। मनीषा का कहना था कि किन्नर उस अनाथ बच्चे की तरह होता है, जिसे भूख लगने पर उसे दूध पिलाने वाली माँ नहीं होती। वह कितना भी रोये, चीख़े–चिल्लाये कोई उसकी पुकार सुनने वाला नहीं होता। अपने दूध का इन्तज़ाम उसे ख़ुद ही करना होता है।

अक्सर कहा जाता है कि किन्नर उन बच्चों को, जो हिजड़े पैदा होते हैं, माता–पिता से ज़बर्दस्ती छीनकर ले आते हैं। मनीषा का कहना था कि यह बात बिल्कुल ग़लत है। माता–पिता की स्वीकृति से क़ानून के अनुसार बच्चा लिया जाता है। इन्हें गिरिया शब्द के बारे में कुछ ज्ञात नहीं था। ऐसा प्रतीत होता है कि यह शब्द महाराष्ट्र का शब्द है, जो ढोलकिये, तबला बजाने वालों के लिए प्रयुक्त किया जाता है।

सभी किन्नर अपने–अपने प्रान्त, धर्म एवं जाति के अनुसार त्योहार मनाते हैं। किन्नरों के सात ख़ानदान पाकिस्तान में भी वही हैं। राज्यों के अपने–अपने इतिहास, परम्पराएँ एवं सभ्यताएँ हैं।

समलैंगिकों का झण्डा भी इनका एक प्रतीक है। यह झण्डा इन्द्रधनुष के रंगों का होता है। 1978 में अमेरिका में गे अधिकारों की लड़ाई लड़ने वाले गिल्वर्ट बेकर ने इस झण्डे का डिजाइन तैयार किया था, जिसकी प्रेरणा उन्हें प्रकृति से मिली थी। प्रसिद्ध समलैंगिक नेता हार्वे मिल्क ने ही गिल्वर्ट को झण्डा तैयार करने को कहा था। जब यह झण्डा पहली बार सेन फ्रांसिस्को में फहराया गया, उसके कुछ घण्टों बाद ही हावेज मिल्क की हत्या कर दी गयी। हार्वे इनके हीरो थे। तभी से आज तक यह झण्डा समलैंगिकों का प्रतीक बना हुआ है।

किन्नर जीवन

पिछली दो शताब्दियों में पश्चिमी देशों में अनेक आश्चर्यजनक आविष्कार किये गये। इन आविष्कारों से मानव ने भौतिक रूप से बहुत प्रगति कर ली। सन्तोष का विषय है कि 20वीं शताब्दी के उत्तरार्द्ध से पश्चिमी देशों ने मानवता को भी महत्त्व देना शुरू किया। सामाजिकता और नैतिकता की दृष्टि से अनेक क़ानून पास किये गये।

मानवाधिकार क़ानून

मनुष्य के प्रति मनुष्य के सम्बन्धों और उत्तरदायित्वों के विषय में आज ज़ोर–शोर से चर्चाएँ की जा रही हैं। बालश्रम, वृद्धों की आवश्यकताएँ, शारीरिक एवं मानसिक रूप से अल्पविकसितों के लिए, दुर्घटनाओं के लिए मुआवज़ा देना आदि अनेक पक्षों पर आज सरकारों, मनोवैज्ञानिकों, वैज्ञानिकों और सामाजिक कार्यकर्ताओं का ध्यान गया है। मानवाधिकारों के लिए अनेक संस्थाओं ने जन्म ले लिया है।

भारतीय परिप्रेक्ष्य में यदि बात की जाये तो प्राचीनतम भारतीय साहित्य में एक लम्बे समय तक मानव का मानव से अच्छा सम्बन्ध था। स्त्री–पुरुष समान अधिकारों से जीवन जी रहे थे। वेदों में मन्त्रों की द्रष्टा स्वरूप कुछ महिलाओं के नाम भी आते हैं। स्त्री–पुरुष सम्बन्धों में खुलापन था। ऋग्वेद में कन्या के सन्दर्भ में 'जार–यार' शब्द का प्रयोग इसका प्रमाण है।

कालान्तर में यहाँ जाति प्रथा (जन्म से जाति मानना) विकसित हुई। समाज का ढर्रा बदला और स्त्री एवं सेवक समूह सामाजिक रूप से बहुत नीचे आ गये। एक प्रकार से कहा जा सकता है कि इन दोंनो ही वर्गों को मानवता की परिधि से पृथक करके देखा जाने लगा।

हालाँकि **'चक्रवत्परिवर्तन्ते दुःखानि च सुखानि च'** प्रकृति का

नियम है। आज़ादी के बाद से भारत में भी इन वर्गों के सुख–दुःख की चर्चाएँ शुरू हुईं। क़ानून के द्वारा शताब्दियों से सताये जा रहे इन समूहों को सम्मान एवं सुविधाएँ दे दी गयी हैं। भारत के जनमानस के बहुत कम प्रतिशत भाग में परिवर्तन आया है, परन्तु धीरे–धीरे जागरूकता आ रही है। आज की पीढ़ी जो अभी 30 की आयु पर ही पहुँची है, वह ज़्यादा संवेदनशील होकर उभरी है। न केवल मानव के सन्दर्भ में अपितु, पशुओं एवं अन्य जीव–जन्तुओं के प्रति भी अब लोगों की दृष्टि में एक अच्छा सकारात्मक बदलाव दिखाई दे रहा है।

इस सबके बावजूद मनुष्य जाति में ही एक वर्ग का जीवन अभी भी भारत में विशेष रूप से त्रासदी से भरा हुआ है। यद्यपि इक्कीसवीं शताब्दी के प्रारम्भ से ही सरकारी संगठनों, संस्थाओं एवं नयी पीढ़ी का ध्यान इनकी समस्याओं की ओर, इस वर्ग की ओर ज़्यादा जाना शुरू हो गया है, किन्तु अभी आम जनमानस में कोई परिवर्तन नहीं आया है। क़ानून का सहारा मिलने लगा है, पर जब तक सामान्य जन की धारणाओं में बदलाव नहीं आता, क़ानून भी ज़्यादा कुछ नहीं कर पाता।

मानव जाति स्त्री–पुरुष इन दो वर्गों में बँटी हुई है। प्रकृति में लगभग सभी जीवों के नर–मादा परस्पर के सापेक्ष युग्म हैं। मनुष्यों में एक तीसरा वर्ग भी है, जिसकी ओर भारत में ईसा पूर्व ही चिन्तकों की दृष्टि चली गयी थी। उनके लिए यह सामान्य मानवों की तरह ही एक वर्ग था। महाभारत में शिखण्डी एवं बृहन्नला ये दो पात्र मिलते हैं, जो इस तृतीया प्रकृति (हिजड़े या नपुंसक) के हैं। ई. पूर्व सातवीं से तीसरी शताब्दी के मध्य जन्मे आचार्य वात्स्यायन ने भी अपने यौन व्यवहार की व्याख्या करने वाले ग्रन्थ 'कामसूत्र' के द्वितीय भाग के नवम अध्याय में इस तृतीया प्रकृति (यह नाम वात्स्यायन ने दिया है) के यौन व्यवहार का विस्तार से उल्लेख किया है

आगे आने वाले साहित्य में पुराण, महाकाव्य, नाटक आदि के अध्ययनों से पता चलता है कि ये सामाजिकता के साथ–साथ प्रशासन में भी भागीदार रहे। राजाओं के रनिवासों में इनकी नियुक्तियाँ विशेष रूप से होती थीं, क्योंकि इनके रहने से रनिवासों की सुरक्षा के प्रति निश्चिन्तता रहती थी। मुस्लिम शासकों के समय भी हिजड़ों की राजनीतिक एवं सामाजिक उपस्थिति का इतिहास में वर्णन है।

सोचने को मजबूर होना पड़ता है कि जिस देश की संस्कृति के महत्त्वपूर्ण तत्त्वों में गिने गये चार पुरुषार्थों में धर्म एवं काम का समावेश है। जहाँ जीवन जीने की कला सिखाने के लिए कामसूत्र जैसा अद्‌भुत ग्रन्थ लिखा गया हो, जिसका अनुवाद विश्व की अनेक भाषाओं में किया गया है। जहाँ खजुराहो जैसे मन्दिर बने हुए हैं, उसी भारतीय समाज में इन्सानों के एक समूह को केवल लिंग के आधार पर इतना तिरस्कृत, बहिष्कृत कर दिया गया जितना प्रकृति की किसी वस्तु को नहीं किया गया होगा। प्रश्न यही उठता है कि इस समुदाय ने ऐसा क्या कुसूर किया कि...इसके भोजन का प्रबन्ध तो नहीं किया बल्कि उसे अत्यन्त उपहासास्पद मान लिया गया। भय का कारण माना गया। कुछ अवसरों को छोड़कर उसकी सूरत भी देखना गँवारा नहीं किया गया।

बात यहीं तक समाप्त नहीं होती, पितृसत्तात्मक इस समाज में पुरुषवर्ग इसे अपने कुत्सित भोग का शिकार तो बनाता रहा, पर शोषण के अतिरिक्त कुछ नहीं मिला उसे। फिर भी वह मुँह नहीं खोल पा रहा था। भय था कि मुँह खोला तो शोषण और बढ़ जायेगा।

अंग्रेज़ों की सोच

जब हम इसके कारणों की खोज करते हैं तो पाते हैं कि हिजड़ा समाज की यह दुखद अवस्था भारत में अंग्रेज़ों के आने के बाद से हुई है। यूरोप में चर्च समलिंगी सम्बन्धों को अपराध मानता था। कड़ी सज़ा दी जाती थी। जब अंग्रेज़ भारत में आये और शासन व्यवस्था सँभाली तो इन समलिंगी व्यक्तियों को चोर, लुटेरे, ठग, हत्यारे आदि के भाव से ही देखते थे। 1871 में अंग्रेज़ सरकार क्रिमिनल ट्राइब्स एक्ट या जरायम पेशा अपराध अधिनियम लेकर आयी, जिसमें इन पर कई प्रतिबन्ध लगा दिये गये। 1897 में उसमें संशोधन करके इन्हें अपराधियों की श्रेणी में माना गया और इन पर नज़र रखने को रजिस्टर तैयार करने को कहा गया। धारा 377 के अन्तर्गत इनके कामों को ग़ैर–जमानती अपराध घोषित कर दिया गया। धीरे–धीरे यहाँ की जनता को भी लगने लगा कि ये लोग पापी हैं, ग़लत काम करते हैं। शासन में हिजड़ों को काम मिलना मुश्किल हो गया। वैसे भी अपराधी व्यक्ति को कौन अपने आसपास रखना चाहेगा। जब काम मिलना बन्द हुआ तो सम्पन्न घराने में उत्पन्न हिजड़ों को तो

कोई समस्या नहीं थी लेकिन ग़रीब व्यक्ति के पास पेट भरने का साधन नहीं रहा। यूँ भी अंग्रेज़ सरकार ने भारत के लघु उद्योग–धन्धे चौपट कर दिये। विलायती वस्तुओं का बाज़ार गर्म हो गया।

पृथक निवास

इस परिस्थिति में हिजड़ों ने भीख माँगनी शुरू की और अपनी यौनेच्छा को पूरा करने के लिए अवसर व स्थान तलाशने शुरू कर दिये। इसी क्रम में इनके निवास स्थान आम जनता से अलग बनने शुरू हो गये। हिजड़े प्रायः नाचने–गाने में रुचि लेते हैं तो इन्होंने जनता के बीच जाकर यही कार्य करना शुरू किया। बच्चे के जन्म, विवाह आदि मांगलिक अवसरों पर पहुँचकर नाच–गाना किया और वहाँ से जो मिला उसे लेकर अपना काम चलाया। साथ–ही–साथ हिजड़े अपनी संख्या बढ़ाने को लेकर भी सावधान होने लगे और यदि कोई बच्चा तृतीयलिंगी पैदा हुआ तो उसे अपने समूह का सदस्य बनाने के लिए अपने यहाँ ले जाने लगे। ग़रीब माता–पिता के लिए तो ऐसे बच्चे समस्या ही रहते हैं। वे अपनी हिजड़ा सन्तान को आसानी से इन्हें सौंपने लगे।

स्कूलों में

जैसे–जैसे आबादी बढ़ती गयी, हिजड़ों की संख्या भी बढ़ने लगी। इधर सब जगह स्कूल खुले तो बच्चे स्कूलों में पहुँचने लगे। सम्पन्न एवं शिक्षित लोगों के ये तृतीयलिंगी बच्चे भी स्कूलों में पढ़ने जाने लगे, परन्तु जैसे–जैसे ये बड़े होते–होते उनके हाव–भाव, उनका व्यवहार साथी बच्चों को विचित्र प्रतीत होता। एक लड़का यदि लड़की की तरह नाचे–गाये, सजने की कोशिश करे और साथी लड़कों के प्रति आकर्षित होना शुरू करे तो बाक़ी सभी बच्चों को ही नहीं, परिवारजनों को भी विचित्र लगना स्वाभाविक है। पहले परिवारों में यह सब दबा–ढँका रहता था, अब बाहर निकलने पर ये साथी लड़कों के उपहास का पात्र बनने लगे। ऐसे बच्चों के कारण बहुत से माता–पिता की परेशानी भी बढ़ने लगी। इस कारण धीरे–धीरे ज़्यादातर ऐसे बच्चे हिजड़ा समुदाय से ही जुड़ते गये।

ऊपर बताये कारण बड़े साधारण से लगते हैं। पर इन्हीं कारणों के परिणामस्वरूप असली समस्या इन बच्चों के मनों में उठापटक, बेचैनी, अकेलापन आदि के रूप में खड़ी होती है।

यौनाकांक्षा

सामान्य रूप से समाज में स्त्री–पुरुष दोनों की कामेच्छा की पूर्ति के लिए विवाह की परम्परा अति प्राचीन काल से शुरू हो चुकी थी। ऋग्वेद, जो विश्व में उपलब्ध प्राचीनतम पुस्तकों में से एक है, उसमें भी विवाह का वर्णन मिलता है। इसमें सन्तान पैदा करने का सन्दर्भ भी स्पष्ट शब्दों में किया गया है। सवाल उठता है कि स्त्री एवं पुरुष के लिए तो प्रबन्ध हो गया, पर ये तृतीया प्रकृति बनाम किन्नर बनाम हिजड़े (ट्रांसजेंडर) क्या करें?

कामसूत्र में उल्लेख

ईसा पूर्व कई सौ साल पहले वात्स्यायन ने अपने कामसूत्र में इनके यौन–व्यवहार का वर्णन किया तो यह स्पष्ट हो गया कि स्त्रियों एवं पुरुषों की भाँति इनमें भी कामभावना का अस्तित्व है। इनमें उतनी ही कामेच्छा है जितनी सामान्य नर एवं नारी में। स्त्री–पुरुषों की परस्पर यौनक्रिया, मैथुन प्रक्रिया समाज स्वीकृत है। इस तृतीय वर्ग की इच्छाएँ भी तो वैसी ही हैं–सामान्य मानव देह इनको भी मिली है, कुछ कमियों के साथ। इनकी सबसे बड़ी कमी है कि ये बच्चे पैदा नहीं कर सकते और इनका लिंगभाव देह से भिन्न होता है।

पुरुषलिंगी किन्नर

इन हिजड़ों में 80 प्रतिशत पुरुषलिंगी होते हैं। स्त्रीलिंगी मुश्किल से 20 प्रतिशत। स्त्रीलिंगियों में परस्पर यौन–सम्बन्ध चोरी–छिपे चल जाते हैं और विवाह के बाद यौनक्रिया में पति के साथ होने पर ये कुछ कह नहीं सकतीं और मशीनी प्रक्रिया में उस सम्बन्ध को निर्वाह करती रहती हैं। बच्चे नहीं हुए तो भी शरीर की बनावट में स्त्रियों की तरह स्तनों का विकास चेहरे पर दाढ़ी न होना तथा योनि का आकार स्पष्ट होने से इनको कोई समस्या नहीं होती। हालाँकि गर्भाशय नहीं होता। परन्तु पुरुषलिंगियों की समस्या गम्भीर है।

असामान्य व्यवहार

ऐसे लड़कों के या तो पुरुषांग विकसित ही नहीं होते; अन्यथा पुरुषांग विकसित होने पर भी उत्पादन क्षमता नहीं होती। इस प्रकार इनका लिंग

तो निश्चित होता है, पर मामला सारा लिंगभाव पर आकर अटकता है। जैसे–जैसे ये बच्चे बड़े होते हैं, यदि परिवार में ही पल–बढ़ रहे हैं तो इनका लिंगभाव स्त्री का होने से इनका व्यवहार, रुचियाँ, हाव–भाव सब स्त्रियों जैसे होने लगते हैं। उन्हें लड़कियों जैसा व्यवहार, कपड़े आदि ही अच्छे लगते हैं। साथ ही इन पुरुषलिंगी लड़कों का आकर्षण अपने साथी पुरुषों की तरफ़ ही बढ़ने लगता है और स्वाभाविक–सी बात है कि एक लड़के का ऐसा व्यवहार अन्य लोगों के लिए अजीब होता है। उसे हास्यास्पद बना देता है क्योंकि समाज की दृष्टि में यह असामान्य व्यवहार होता है।

आम आदमी उसकी भावनाओं एवं उसकी विवशता की न तो कल्पना कर पाता है और न ही उसे समझ पाता है। परिवार के लोग भी उसके व्यवहार से परेशान हो उठते हैं।

समाज की उपेक्षा

अपनी लिंगीयता से स्वयं ही हैरान–परेशान से इन्हें कोई रास्ता नहीं सूझता। आसपास के लोगों से उपहास के अतिरिक्त कुछ नहीं मिलता। इन लोगों को आमतौर पर कोई नौकरी भी नहीं मिल पाती। घरवालों से समाज से, अलग–थलग पड़े ये ग़रीब तृतीयलिंगी अपनी आजीविका के लिए भी कोई रास्ता नहीं ढूँढ़ पाते। फिर सबसे बड़ी समस्या–स्त्रीरूप में इनकी यौनाकांक्षा के कारण इनका जीवन त्रासदीपूर्ण हो जाता है और अपने समुदाय से जुड़ने के अतिरिक्त कोई रास्ता नहीं रहता। छोटे–बड़े शहरों में तो इनके घर फिर भी कुछ ठीक से होते हैं, गाँवों में तो ग़रीबी रेखा से नीचे जीने वालों की तरह ये लोग झोंपड़ी या झोंपड़नुमा घर या छोटे–छोटे दड़बों जैसे घरों में रहने को मजबूर हैं। आजकल तो ट्रेनों में भीख माँगते भी देखे जा सकते हैं। कहीं भी हों इनके घर बस्तियों से बिल्कुल बाहर तंग गलियों के आख़िरी नुक्कड़ पर होते हैं।

माँ–बाप से अलग होने के बाद प्रायः उनके माता–पिता को भी यह चिन्ता नहीं होती कि बच्चे के खाने–पीने, रहने का क्या प्रबन्ध है। समाज में इन लोगों का कोई मूल्य नहीं है। भारत में 60–70 प्रतिशत आवादी ग़रीब है। ग़रीबी के कारण ही ऐसे बच्चों को माता–पिता बड़ी सरलता से हिजड़ा समुदाय को सौंप देते हैं। बहुत से हिजड़े नृत्य–संगीत कला में

कुशल होते हैं। बचपन से ही इनका झुकाव नाचने–गाने में हो जाता है, जो मुख्य रूप से स्त्रियों का ही क्षेत्र है। विशेषकर नृत्यकला। कुछ हिजड़े नाच–गाकर पैसा कमाने का प्रयास करते हैं। यदि कोई छोटा–सा भी मंच इस कार्य के लिए मिल जाये तो आसानी हो जाती है। पर जो इस कला को नहीं जानते, उनके लिए फिर भीख माँगना ही एकमात्र रास्ता बचता है। अपनी रोज़मर्रा की ज़रूरतों को भी पूरा न कर पाने के कारण अथवा स्वभाववश कोई–कोई हिजड़ा आक्रामक भी हो जाता है। ऐसे में यदि कोई अपराध हो जाये, जो स्वाभाविक बात है, तो पुलिस उन्हें कई प्रकार की दफाएँ लगाकर फँसा देती है। किसी को भी यह सोचने का अवकाश नहीं है कि बच्चे ने या छोटी उम्र के एक लड़के ने ऐसा क्यों किया?

विरोधाभास

कितना विरोधाभास है हमारे समाज में, कितना दुहरा चरित्र है भारतीय समाज का–देखकर आश्चर्य होता है। एक तरफ़ अपनी धार्मिकता की भ्रान्ति में अथवा मुक्ति की चाह में साधु–सन्तों का जमघट लग गया है, बढ़ता ही जा रहा है। दूसरी ओर ये नादान से बच्चे और किशोर–आसपास के लोग इनका ख़ूब यौन–शोषण करते रहते हैं। साधुओं को ख़ूब दान–दक्षिणा देता है समाज। ज़रूरत से ज़्यादा मिलता है उन्हें। इतना कि इधर वस्तु दान में मिली और उधर उसे औने–पौने दामों में बेच दिया। हरिद्वार में बैंकों, डाकघरों में ज़्यादा खाते इन्हीं लोगों के होंगे। एक से एक अमीर साधु। सारी सुविधाएँ। दूसरी तरफ़ यह मजबूर हिजड़ा समाज, जिसको ग़रीबी रेखा से नीचे जीवन बिताना पड़ता है। इनमें से बहुत से हिजड़े वेश्यावृत्ति अपना लेते हैं। यह तृतीया प्रकृति भी जब से वेश्यावृत्ति का इतिहास ज्ञात है तभी से इस काम से जुड़ी है। प्राचीन समय में इनके अलग घर नहीं होते थे। वेश्यावृत्ति करने वाली स्त्रियाँ जहाँ रहती थीं, वहीं हिजड़े भी रहते थे। वात्स्यायन के कामसूत्र से इसके ठोस प्रमाण मिलते हैं। यह समाज में स्वीकृत कार्य था।

बाद के साहित्य में इनका कोई उल्लेख नहीं मिलता। ये साहित्य की मुख्यधारा का हिस्सा कभी नहीं रहे। आधुनिक युग में एक अच्छा बदलाव आया है जो इन पर आलेख, कहानियाँ, उपन्यास आदि लिखे जाने शुरू हो गये हैं।

स्त्री भोग्या

स्त्री का जैसे–जैसे समाज में सम्मान गिरा, भारतीय साहित्य में उसका उल्लेख हर स्तर पर हुआ। इतना ही नहीं ईस्वी सन् की प्रारम्भिक शताब्दियों से ही शास्त्रों में भी स्त्रियों की गिरती दशा और उनके प्रति उपभोग की वस्तु के रूप में पुरुषों की सोच को ही प्रामाणिक माना गया। पुरुष की श्रेष्ठता एवं स्त्री का अनादर यहाँ तक बढ़ा कि तुलसीदास ने रामचरितमानस के सुन्दरकाण्ड में नारी को पशु के समकक्ष खड़ा कर दिया। इस प्रकार के सांस्कृतिक एवं सामाजिक मूल्यों के पतन के कारण ही पुरुष वर्ग स्त्रीलिंगी हिजड़ों को भी अपने उपभोग की वस्तु की तरह देखने लगा। इनसे भी पुरुष स्त्रियों की तरह अपेक्षाएँ रखते हैं। बाज़ारों में सबसे ज़्यादा यौनिकता के ही दाम हैं। हिजड़ों को भी पुरुष वस्तु की तरह देखते हैं। अतः हिजड़े भी पुरुष के लिए यौन दासियाँ बन गये हैं और अनाचार का साधन भी। कोठे हर शहर में होते हैं, पत्नियाँ भी होती हैं, प्रेमिकाएँ भी रखते हैं फिर भी बलात्कार होते हैं, बाल यौन–शोषण होता है, इस स्थिति में हिजड़े जो स्त्रीलिंगी होते हैं, वे कैसे बच सकते हैं।

दयनीय स्थिति

हिजड़े के रूप में जन्म लेने पर एक मनुष्य को कैसी नारकीय जीवन जीना पड़ता है, यह समझने की आवश्यकता है। इस समाज की स्थिति अत्यन्त दयनीय है। सीमातीत दर्द ही इनका साथी है। अशिक्षित होने एवं अपने सामाजिक दायरों के भीतर ही भीतर जीते रहने से इनके मन–मस्तिष्क भी दकियानूसी विचारों का घर बन जाते हैं। उन्हीं घेरों में जीते–जीते जीवन की शाम हो जाती है। 'वसुधैव कुटुम्बकम्' का नारा देने वाली संस्कृति में एक वर्ग इतना दयनीय, तिरस्कृत एवं बहिष्कृत जीवन जीने को विवश है और समाज की नींद टूट ही नहीं रही है। वास्तविकता तो यही है कि भारतीय समाज स्त्री, ग़रीब, दलित इनके प्रति ही आज तक संवेदनशील नहीं हो पाया है तो किन्नरों का तो अस्तित्व ही कहाँ है। यह और बात है कि रामकथा के साये में शिशु जन्म और विवाह जैसे मांगलिक अवसरों पर स्वार्थ एवं भय के वशीभूत हिजड़ों को कभी–कभी कुछ आदर मिल जाता है। यह ध्यान रखना होगा कि यह सम्मान एक इन्सान का नहीं है, बल्कि अपने सुख के लिए उनको साधन के रूप में थोड़ा–सा महत्त्व देना

ही है। पर इतने से उनकी आजीविका नहीं चल सकती। इसी कारण ये लोग भीख माँगना, वेश्यावृत्ति करना, नर्तकी बनकर नाच–गा लेना इन्हीं के द्वारा जैसे–तैसे पेट भरते हैं ।

सुरक्षा का प्रश्न

जब तक शक्ति है, स्वास्थ्य ठीक है, तब तक तो कुछ भी कर सकते हैं, पर जीवन की शाम आने पर तो इनका कोई नहीं होता। अपना होगा भी कौन? यदि किसी के पास कुछ पैसा जैसे–तैसे जुड़ा हो, तब तो गनीमत है। इस समाज से जो उपेक्षा, जो तिरस्कार मिलता है, उसमें पैसा जमा करना आम हिजड़े के लिए सम्भव ही नहीं है। इनके समाज की बन्दिशें, पूरा सामाजिक ढाँचा इन्हें इतना अवसर ही नहीं देता। सब कुछ नायक या गुरु पर निर्भर करता है। बहुत क्रूरताएँ होती हैं नीचे के हिजड़ों के साथ। इनकी भी अपनी इच्छाएँ हैं, आकांक्षाएँ हैं, प्रेमभाव हैं, शारीरिक आकर्षण है, सुख की, आराम की चाह है। शरीर से बाँझ हैं, पर मन तो बाँझ नहीं है। ऐसा नहीं है कि इनमें बाक़ी शक्तियाँ नहीं हैं। कुछ हिजड़े तो बहुत अच्छे कलाकार होते हैं। पर इन्हें जनाना, जनखा, छक्का जैसे शब्दों से ही पुकारा जाता है और हास्यास्पद माना जाता है। ये बड़े भावुक होते हैं। किसी भी हद से गुज़र सकते हैं। साहस की भी कमी नहीं होती। बचपन में इन्हें लेकर ऐसे चुटकुले सुने थे जिससे किसी की भी यह सोच बन जाये कि हिजड़ों में दिमाग़ नहीं होता, न ही सजगता होती है। किसी भी समय, कहीं भी ये ताली बजाने, नृत्य करने और बेसिर–पैर की बातें करना शुरू कर देते हैं। लेकिन आज जब इनके बारे में लिखे गये साहित्य को पढ़ा तो समझ आया कि सामान्य मानव व इनमें कोई अन्तर नहीं है, लगभग सभी वो क्षमताएँ इनमें भी हैं जो एक स्त्री या पुरुष में होती हैं, बशर्ते इनका पालन–पोषण भी स्वस्थ वातावरण में हो।

समाधान की ओर

यह सन्तोष का विषय है कि पिछली शताब्दी के उत्तरार्द्ध से देश–विदेश में परिवर्तन आये हैं। हिजड़ों पर शोध होना शुरू हुआ है।

असल में पश्चिमी देशों में शिक्षा के कारण समलैंगिक सम्बन्धों वाले ट्रांसजेंडर्स में अपने अस्तित्व के प्रति जागरूकता आयी है। साहस जागा और इस समूह ने अपने मानवीय मौलिक अधिकारों के लिए शासन का, समाज का सामना करना शुरू किया है।

पश्चिमी देश और समलैंगिकता

सोलहवीं शताब्दी से पहले यूरोप के साहित्य में समलैंगिकता के विषय में कोई उल्लेख नहीं मिलता। समाजों में कोई चर्चा नहीं थी। 16वीं शताब्दी के शुरू में ब्रिटेन, अमेरिका, रोम आदि सभी देशों में ये सम्बन्ध ग़ैर–क़ानूनी अपराध माने जाते थे। 20वीं शताब्दी के पूर्वार्द्ध तक तो पश्चिमी देश समलैंगिकता को अपराध ही मानते रहे, लेकिन यह सन्तोष का विषय है कि 20वीं शताब्दी के उत्तरार्द्ध से समाज–सुधारकों, चिन्तकों, सत्ताधारियों का ध्यान समलैंगिकता की ओर गया अथवा कहा जाना चाहिए कि इन्होंने समलैंगिकों की समस्याओं को सुना और फिर इनके जीवन को सुधारने का विचार बनाया। अनेक संगठन, सामाजिक संस्थाएँ, राजनीतिक संस्थाएँ समलैंगिकों के कल्याण के विचार से अस्तित्व में आयीं। बीसवीं शताब्दी के उत्तरार्द्ध में अमेरिका में समलैंगिकों ने ही आगे आकर अपने लिए नौकरियों, निवास स्थान आदि के लिए नीतिगत नागरिक अधिकारों की बात शुरू की और यह राजनीतिक विषय भी बन गया।

1920 से पूर्व केवल पुरुषों के ही समलिंगी सम्बन्धों के बारे में थोड़ी–बहुत चर्चा होती थी। 1920 में लेस्वियन अर्थात् स्त्रियों के समलिंगी सम्बन्धों के विषय में भी बात होनी शुरू हुई। इससे पूर्व ये सम्बन्ध प्रकट रूप में सामने नहीं आये थे।

1969 में स्टोनवेल रायट्स (दंगे) में अमेरिका में एक पुलिसकर्मी ने एक गे बार में छापा मारा, जिससे आम जनता स्पष्टता से समलैंगिकता के विषय में जान पायी।

1973 में मानसिक चिकित्सकों ने अमेरिका में इसे मानसिक रोग माना। कुछ ने इसे ख़ानदानी दोष भी माना। कुछ धार्मिक समूहों ने इसे प्रार्थना के द्वारा ठीक करने का प्रयास किया।

इसी समय समलैंगिकों के विषय में भेदभाव पर न्यायालयों ने रोक लगायी। प्राचीन ग्रीस और रोम में यह सब चलता रहा। पहले यहूदी, मुस्लिम–जूडो क्रिश्चियन आदि इसे अपराध ही मानते थे। अमेरिका एवं यूरोप में इन्हें नौकरियों आदि में बराबर का हक़दार माना गया। जबकि अन्य देशों में इनके प्रति हिंसा का व्यवहार चलता रहा। साथ ही यह धारणा भी बदली कि गे मानसिक एवं शारीरिक रूप से कमज़ोर होते हैं तथा लेस्बियन्स में पुरुषत्व होता है तो वे आक्रामक होते है। जमैका

में नॉदर्न कैरेबियन यूनिवर्सिटी में गे छात्रों को पीटा गया। नामीबिया में पुलिस पकड़ लेती थी। इन्हें मारा जाता था। ब्राजील में एक एंटी गे ग्रुप (पुरुष समलैंगिकता विरोधी समूह) 'वेक अप डियर' पर इनकी हत्या का आरोप लगा।

इक्वाडोर में समलैंगिकों का आन्दोलन तेज़ हुआ। इसमें एमनेस्टी इंटरनेशनल संस्था ने गे और लेस्बियन्स का सहयोग किया।

अन्य देशों में यद्यपि शारीरिक हिंसा के प्रमाण तो नहीं मिलते, परन्तु समाज इनके प्रति असहिष्णु तो था ही।

धीरे–धीरे परिस्थितियाँ बदलने लगीं। 1995 में अल्बानिया ने क़ानून में परिवर्तन किया। 2001 में एम्स्टर्डम में गे जोड़े ने शादी की, जो क़ानूनी रूप से प्रामाणिक थी।

इक्कीसवीं शताब्दी में समलैंगिकता के सन्दर्भ में खुलकर चर्चा होनी आरम्भ हुई। चर्चा चली तो लोगों में इनके प्रति वैचारिकता बदली। वैचारिक लोगों में संवेदनाएँ जागीं।

2006 में इंडोनेशिया में विश्व ट्रांसजेंडर (परलिंगी) सम्मेलन में इनको लिंगीय पहचान मिली। 2006 में ही एच.आई.वी. एड्स इंटरनेशनल कॉन्फ्रेंस में टोरंटो में भारत से एक किन्नर लक्ष्मीनारायण त्रिपाठी को निमन्त्रित किया गया।

2010 में ब्रिटेन में भी समानता अधिनियम बना। यूरोपियन यूनियन क़ानून 2006 के अनुसार 27 देशों में हेट क्राइम प्रिवेंशन ऐक्ट बना। 2009 में अमेरिका में भी ऐसा ही क़ानून आ गया था।

इस प्रकार धीरे–धीरे पश्चिमी देशों में ट्रांसजेंडर्स की स्थितियाँ बदलीं और इनको सामान्य नागरिकों के समान सभी अधिकार मिल गये। आज इनकी यौन समस्या को मानवता के एक पक्ष के रूप में स्वीकार कर लिया गया है। इसे मानसिक अस्वस्थता न मानकर एक स्वाभाविक जन्मजात वृत्ति माना जाता है और अन्य स्त्री–पुरुषों के समान इनकी भी यौनाकांक्षा, सामाजिकता, कार्य करने की क्षमता को मान्यता मिल चुकी है। आज ये लोग गर्वपूर्वक अपनी समलैंगिकता की घोषणा कर रहे हैं।

एड्स की समस्या

यह सब सामान्य हुआ तो इनमें एक बड़ी समस्या एच.आई.वी. पोजिटिव (एड्स) की आ गयी। विशेष रूप से न्यूयॉर्क, लॉस एंजेल्स, सेन फ्रांसिस्को,

वाशिंग्टन डी.सी., पेरिस आदि देशों में यह फैल गया है। इसके लिए सरकारों और सामाजिक संगठनों की ओर से प्रयास भी शुरू हो चुके हैं। थाईलैंड में इनका हाल भारत जैसा है। वहाँ के परिवारिक तथा नैतिक मूल्य हमारे जैसे ही हैं। बस एक बात में बहुत बड़ा अन्तर है और वह है वहाँ का यौन व्यापार। वहाँ के ट्रांसजेंडर्स को 'लेडी बॉयज' कहा जाता है। बचपन से ही भिन्न लिंगी व्यवहार करने वाले ये लोग सेक्स व्यापार में लग जाते हैं। इन्हें कथॉय (Kathoy) कहा जाता है जिसका अर्थ रानी या परी होता है। ये समाज में इसी तरह सहज रूप में घूमते–फिरते हैं। स्कूल–कॉलेजों में, रेस्टोरेंट्स में, ब्यूटी पार्लर्स में काम करते हुए, कारखाने में काम करते हुए और बड़ी संख्या में सेक्स वर्कर्स के रूप में लोगों का मनोरंजन करने वाले। टूरिस्ट्स सेंटर्स में इनको घूमते देखा जा सकता है आसानी से उपलब्ध कॉलगर्ल्स के रूप में। केवल शहरों में ही नहीं, गाँवों में भी सहजता से घूमते दिखाई देते हैं। समाज ने इन्हें अपना लिया है। वहाँ इनकी सौन्दर्य प्रतियोगिताएँ भी होती हैं। ये ब्रेस्ट इम्प्लांट करवा लेते हैं। इनकी जेनिटल रिअसाइनमेंट सर्जरी हो जाती है। यद्यपि परिवार में जब कोई कथॉय बनना चाहता है तो स्वीकृति जल्दी से नहीं मिलती। क़ानूनी तौर पर ये लिंग नहीं बदल सकते। सरकारी काग़ज़ों में ये पुरुष ही गिने जाते हैं अतः आसानी से नौकरी नहीं मिल पाती। इन स्थानों पर भेदभाव का सामना करना पड़ता है। तृतीय लिंग को मान्यता दी जाये, इसके लिए संघर्ष जारी है।

भारत के सन्दर्भ में बात करें तो बहुत दुख की बात है कि यहाँ यद्यपि 2014 में कोर्ट ने तृतीय लिंग को मान्यता दे दी थी और 2015 में ट्रांसजेंडर पर्सन बिल संसद में स्वीकृत भी हो गया, लेकिन आज भी हिजड़े के साथ बलात्कार को अपराध नहीं मानते। इसी से आईपीसी की धारा 377 में इनकी कोई चर्चा नहीं है। इस बिल के पश्चात सभी आवेदनों में तीसरे लिंग को स्थान दिया गया। इतना ही नहीं उच्चतम न्यायालय ने इन्हें बच्चा गोद लेने का अधिकार भी दिया एवं चिकित्सा के माध्यम से स्त्री या पुरुष बनने का अधिकार भी मिला।

समकालीन साहित्य में किन्नर

पाण्डेय बेचन शर्मा उग्र की कहानियों में जिन लौंडेबाज़ों का उल्लेख है वो यही किन्नर हैं। सन् 1999 में नीरजा माधव का 'यमदीप' उपन्यास

पहली रचना है, जो किन्नरों के विषय में स्पष्ट उल्लेख करती है। 2009 में समकालीन साहित्य में 'हिजड़े' निबन्ध प्रकाशित हुआ जिससे कुछ लोगों का ध्यान इस विषय पर गया। फिर भी इस विषय की चर्चा बहुत धीमी गति से ही चली। 2011 में प्रदीप सौरभ ने 'तीसरी ताली' 2014 में महेन्द्र भीष्म ने 'किन्नर कथा' लिखा। 2014 में जब न्यायालय द्वारा तृतीय लिंग को मान्यता दी गयी तब बहुत से लेखकों, साहित्यकारों, कवियों, सामाजिक कार्यकर्ताओं आदि ने हिजड़ों की समस्याओं के विषय में खोजबीन शुरू की। इनकी सामाजिक स्थिति इनके जीवन के प्रति संवेदनाएँ जागीं और भारतीय हिन्दी साहित्य में इन्हें स्थान मिलने लगा। 2014 में अंग्रेज़ी में आत्मकथा (मी हिजड़ा मी लक्ष्मी) आयी, हिन्दी अनुवाद 'मैं लक्ष्मी मैं हिजड़ा' नाम से प्रकाशित हुआ। इसके बाद ही अप्रैल 2015 में न्यायालय ने किन्नरों को तीसरे लिंग के रूप में मान्यता दी।

इसके अतिरिक्त डॉ. राही मासूम रज़ा की 'खलीक अहमद बुआ', सलाम बिन रज़ाक़ की 'बीच के लोग', कुसुम अंसल का 'ई मुर्दन का गाँव', महेन्द्र भीष्म, 'त्रासदी', श्रीकृष्ण सैनी की 'हिजड़ा', पूनम पाठक की 'किन्नर' पारस दासौत की 'ग़लती जो माफ़ नहीं', एवं 'मेरी किन्नर केन्द्रित लघुकथाएँ आदि 15–20 के लगभग कहानियाँ पत्रिकाओं में छपी हैं। कुछ कविताएँ भी लिखी गयी हैं। सपना मांगलिक की 'हिजड़े की व्यथा', गीतिका वेदिका की 'अधूरी देह', द्वारिका प्रसाद माहेश्वरी की 'यदि होता किन्नर नरेश मैं' आदि भी छपीं।

इस प्रकार हम देखते हैं कि साहित्य के माध्यम से किन्नरों की व्यथा –कथा को, इनकी समस्याओं को समाज के सामने लाने के लिए कुछ लेखकों द्वारा प्रयास किये गये हैं। किन्तु हिन्दी साहित्य में किन्नर प्रसंग अभी भी अपरिपक्व अवस्था में ही है। वैचारिक समुदाय इसे अभी भी स्वीकार नहीं कर पा रहा है। साहित्य की समाज के लिए बहुत महत्त्वपूर्ण भूमिका होती है। इस उपेक्षित, तिरस्कृत किन्नर समाज को भी देश के चिन्तकों, साहित्यकारों, सूचना प्रौद्योगिकी, दूरसंचार के माध्यमों द्वारा अपनाया जाना इनकी बहुत बड़ी सहायता होगी। अभी तो सारा देश पड़ा है, जिसे जगाने की ज़रूरत है। आज भी ज़्यादातर लोगों के लिए यह अप्रिय, अवांछित और वर्जित दुनिया है, समाज के हाशिये पर धकेले लोग हैं। समाज के द्वारा परोसी गयी निर्ममता, क्रूरता ही प्रतिक्रियात्मक

रूप से इनमें घर कर जाती है। किसी के अपने सगे रिश्तेदार ने, किसी के माता–पिता ने, किसी के कुटुम्ब ने इन्हें तरह–तरह से ठगा है और इनका शोषण किया है। ऐसे अनेक शोषित लड़के इस समाज का अंग हैं।

माता–पिता की उपेक्षा

सोचने की बात है कि घर के अनेक बच्चों में या 2–3 बच्चों में सबकी क्षमताएँ तो एक जैसी होती नहीं। एक बच्चा बहुत तेज़ दिमाग़ हो सकता है और दूसरा मन्दमति। इसी प्रकार एक बच्चा बहुत सुन्दर चुस्त होता है, दूसरा इसके विपरीत। बहुत बार तो कुछ बच्चे कम विकसित बुद्धि के (अंडरडेवलप्ड) या किसी और प्रकार से अपंग पैदा हो जाते हैं। किसी के मुँह में तालु ठीक से विकसित नहीं होता। कुछ बच्चे ऐसे भी सामने आये, जिनकी न तो बुद्धि विकसित थी और न ही रीढ़ की हड्डी काम करती थी, पर माता–पिता उस बच्चे को पाल रहे होते हैं। कई बार तो अल्पविकसित बुद्धि वाले, जिनका दिमाग़ 3 से 5 या 6 वर्ष के बच्चे जितना अथवा तीन वर्ष के बच्चे जितना ही या इससे भी कम विकसित होता है। ऐसे बच्चों की शादियाँ भी होते देखी गयी हैं। यह और बात है कि बहुत पास के सम्बन्धों में साक्षी बनी मैं यह भी देख पाई कि जिस लड़की से विवाह हुआ वह या तो पागल हो गयी या फिर उसे उच्च रक्तचाप (हाई ब्लड प्रेशर) जैसी बीमारी ने घेर लिया या फिर किडनी ख़राब हो गयी। इन सन्तानों को माँ–बाप ताउम्र सँभालते रहते हैं।

जब यह सब हो सकता है तो ये प्राकृतिक रूप से जन्मे तृतीयलिंगी बच्चे जो उन अपंग बच्चों से कहीं अधिक क्षमतावान बल्कि कहना यह चाहिए कि पूर्ण क्षमतावान होते हैं। इनमें केवल एक ही कमी होती है और वह है इनका लिंगभाव तथा अनुत्पादकता। यदि माता–पिता इस बात को समझकर तृतीयलिंगी बच्चे को पालते रहें तो कुछ समय में बड़ी होकर यह सन्तान अपने माता–पिता का नाम बहुत बड़ी कर सकती है। आजकल सामान्य लड़के भी तो माँ–बाप के पास नहीं रहते। लड़की भी विवाह के पश्चात चली जाती है तो समय आने पर तृतीयलिंगी सन्तान भी चली जायेगी। पर माता–पिता को उसका पालन–पोषण तो पूरे मन से अपना पूर्ण कर्तव्य मानकर करना चाहिए। उसकी मानसिक स्थिति को समझकर उसे सान्त्वना देकर संवेदनापूर्वक उस बच्चे का पथप्रदर्शन

उसकी अपनी मानसिकता के परिप्रेक्ष्य में करें तो इन बच्चों को बाहर न जाना पड़े।

सामाजिक व्यवहार

एक सभ्य सुसंस्कृत समाज अनेक प्रकार की नैतिकताओं व सभ्यताओं को अपनाये हुए है। कुछ कमियाँ जन्म से या प्राकृतिक रूप से होती हैं। किसी मनुष्य में कोई कमी आ जाती हैं, जिसको पूरा नहीं किया जा सकता। जैसे काले मनुष्य को काला कहना, जिसका एक पाँव नहीं है उसे लँगड़ा कहना, जिसकी एक आँख नहीं है उसे काना कहना, जो बिल्कुल देख नहीं सकता, उसे अन्धा कहना, जो सुन नहीं सकता उसे बहरा नाम देना, जो बोल नहीं सकता उसको गूँगा शब्द से पुकारना आज असभ्यता की श्रेणी में आता है। जिस समाज या प्रदेश में लोग इस बात का पालन नहीं करते उसे गँवार, अनपढ़, असभ्य माना जाता है।

यही नहीं, आज जब समाज में जागृति आयी है तो एक बढ़ई, एक ड्राइवर, घरेलू नौकर, जमादार, चपरासी, मज़दूर आदि सेवाएँ, जिन्हें छोटी सेवाएँ माना जाता है, जिनके लिए केवल साक्षर होना ही पर्याप्त है तथा जिन सेवाओं के लिए कम वेतन मिलता है, इन्हें करने वाले लोगों को अपने को अपने काम से सम्बन्धित शब्द से पुकारा जाना अच्छा नहीं लगता। सभ्य समाज इन्हें इन शब्दों से पुकारता भी नहीं है। उनके नाम से पुकारता है या फिर सहायक (helper) कहकर परिचय देता है क्योंकि जिसे पुकारा जाता है, उसको तो अपनी बेइज़्ज़ती लगती ही है, संकोच होता ही है; पुकारने वालों को भी असभ्य माना जाता है। आज सफ़ाई कर्मचारी पहले जो जमादार कहलाते थे, शूद्र वर्ग के लोग जिनको महात्मा गाँधी ने हरिजन नाम दिया था, आज इस शब्द से पुकारे जाने को अपनी बेइज़्ज़ती समझने लगे हैं। इसीलिए इन्हें दलित नाम दिया गया। अब 'दलित' शब्द पर भी ऐतराज़ होने लगा है।

जब हम मनुष्यों (स्त्री–पुरुषों) के समाज में इन सभी बातों का ध्यान रखा जाता है कि हमारे व्यवहार से किसी को अपना अपमान न लगे। कोई अपने को बेइज़्ज़त होता न माने तो फिर तृतीयलिंगी जिन्हें किन्नर या हिजड़ा कहा जाता है, उनको समाज इतनी निरादर की दृष्टि से क्यों देख रहा है? क्यों उनकी अवहेलना कर रहा है? क्यों हमलोग उन्हें समाज से बहिष्कृत कर देते हैं ?

यौनाकांक्षा एक प्राकृतिक आवश्यकता

क्या क़सूर किया है इन लोगों ने? ये जैसे भी हैं प्राकृतिक रूप से ही ऐसे हैं। बड़ी विडम्बना यह है कि यहाँ एक मनुष्य के चरित्र को मापने का एकमात्र और लगभग सबसे बड़ा पैमाना लिंगभाव, लिंगवृत्ति, यौन सम्बन्ध ही बना हुआ है। सबसे बड़ा व्यभिचार वह है, जो समाज के बने हुए खाँचे से अलग जाकर अपनी यौनाकांक्षा की पूर्ति करता है, वही व्यक्ति दुश्चरित्र कहलाता है, चाहे यह काम स्त्री–पुरुष दोनों की सहमति से ही हुआ हो।

हिजड़ों की समस्याओं को भी देखा जाये तो सबसे बड़ा कारण उनकी यौनाकांक्षा पूर्ति का तरीक़ा समाज से भिन्न होना है। यौन आकर्षण अलग प्रकार का होना है। सामान्य प्राकृतिक नियम है कि पुरुष स्त्री की ओर आकर्षित होता है, और स्त्री पुरुष की ओर। किन्नरों व्यवहार का देखने में असामान्य होता है। जिसमें शरीर भी पुरुष का और यौनाकर्षण भी पुरुष की ओर दूसरी ओर देह स्त्री की और यौनाकर्षण भी स्त्री की ओर। इसलिए इनकी यौनाकांक्षा की पूर्ति का तरीक़ा भी ऊपरी तौर पर समाज के खांचे में फिट नहीं होता। आज भी भारत में समलिंगी विवाह को क़ानूनी मान्यता नहीं है। पश्चिमी देशों में मानवाधिकारों की सुरक्षा एक बड़ा मुद्दा है। वहाँ व्यक्ति को स्वतन्त्रता है कि वह सहमतिपूर्वक किसी से यौन–सम्बन्ध बनाये। यही कारण है कि इन देशों में इन ट्रांसजेंडर्स को आज सारे अधिकार दे दिये गये हैं।

आर्थिक कार्यव्यापार से बाहर

भारत में अभी 14 अगस्त, 2018 के एक अख़बार टाइम्स ऑफ़ इंडिया में समाचार छपा है कि ''भारत में 92 प्रतिशत ट्रांसजेंडर्स को आज भी अपनी आजीविका कमाने से वंचित किया जाता है। वह पढ़ा–लिखा हो, काम का प्रशिक्षण भी हो उसके पास, पर यदि पता लग जाये कि वह किन्नर है तो उसे नौकरी नहीं दी जाती। केरल डेवलपमेंट सोसाइटी (नेशनल ह्यूमन राइट्स कमीशन) ने यह राष्ट्रीय मानवाधिकार आयोग की तरफ़ से बताया है कि भारत में ये परलिंगी (ट्रासंजेंडर्स) लोग भारतीय लिंग विशेष क़ानूनों के तहत अपनी लिंगीय पहचान के सन्दर्भ में बहुत परेशानी झेल रहे हैं। यहाँ हर बात में लिंग सामने आ जाता है। एयरपोर्ट, राशन कार्ड, पैन कार्ड, ड्राइविंग लाइसेंस, जनसुविधाएँ (टॉयलेट) सभी जगह, सभी विषयों

में। इस अध्ययन में यह सामने आया कि ये 96 प्रतिशत परलिंगी व्यक्ति अपनी आजीविका के लिए कम पैसे मिलने वाले कामों को करने के लिए मजबूर हैं। शुभ अवसरों पर थोड़ी–सी बधाई मिल जाती है या भीख माँग लें अन्यथा वेश्यावृत्ति में लगे रहें। यौन बाज़ार में इनका ख़ूब शोषण तो होता ही है, इनकी पिटाई तक की जाती है। 89 प्रतिशत परलिंगी, जो शिक्षित होते हैं, नौकरी नहीं प्राप्त कर पाते। 23 प्रतिशत यौन बाज़ार में कार्य कर रहे हैं। इनमें से 57 प्रतिशत ऐसे हैं, जो शल्य चिकित्सा (सर्जरी) से ठीक हो सकते हैं, किन्तु इनके पास पैसा नहीं है।

ये भारतीय आर्थिक कार्य व्यापारों में कहीं भी नज़र नहीं आते। लिंगभेद,सामाजिक बहिष्कार और अल्पशिक्षित होने के कारण ही इन्हें नौकरियाँ नहीं मिलतीं। इनके प्रति लिंगभेद का व्यवहार बचपन से ही शुरू हो जाता है। माता–पिता, साथी, परिवार के लोग इनकी उपेक्षा तो करते ही हैं, इन्हें 'हिजड़ा' आदि कहकर अपमानित भी करते हैं। इनमें से ज़्यादातर तब तक अपनी लिंगीय पहचान को खुलकर बताते नहीं जब तक कि पानी सिर से ऊपर न आ जाये, पहचान छुपाना असम्भव ही लगने लगे। इनके माता–पिता भी इनके लिए सकारात्मक नहीं हो पाते। शारीरिक एवं मानसिक कमियों को इनके माता–पिता अपनी इज़्ज़त से जोड़ते हैं। उनका कहना है कि वो अपनी सम्पत्ति की वसीयत भी इनके नाम नहीं कर सकते क्योंकि क़ानूनी रूप से उस पर परलिंगीयों का अधिकार नहीं बनता।

पुलिस तो इन्हें परेशान करती ही है इसीलिए ये अपनी किसी भी मुश्किल में पुलिसकर्मियों के पास नहीं जाते। इनका व्यक्तिगत या सामूहिक बलात्कार होने पर भी ये लोग पुलिस के पास नहीं जाते। एक तो पुलिस इनका उपहास करती है, दूसरा इनका बलात्कार अपराध की श्रेणी में लाया ही नहीं गया है।

यौन व्यापार में इस पुरुष प्रधान समाज में ये अपने को कैसे खड़ा करें यह एक बड़ी समस्या है। न तो क़ानून इनके साथ है और न समाज। बहुत से पुरुषों की तो जहाँ ज़रा–सा भी नारीत्व देखा, लार टपकनी शुरू हो जाती है। यदि लड़का ज़रा–सा भी कमज़ोर पड़ा, फिर तो उसकी ख़ैर नहीं। 'मैं लक्ष्मी मैं हिजड़ा' में लक्ष्मीनारायण त्रिपाठी ने बताया ही है कि जब वह केवल सात वर्ष का था, उसका पहली बार बलात्कार एक विवाह के अवसर पर शामिल हुए रिश्तेदार किशोरवय के लड़कों ने ही किया।

फ़ौज में महीनों घर से दूर रहने के कारण लौंडेबाजी का शौक हो जाता है। ग़रीबी के कारण लौंडे की उपलब्धि भी आसान रहती है। इनमें ज़्यादातर हिजड़े ही होते हैं, पर बहुत बार अच्छे–खासे लड़के भी पैसे के लिए तैयार हो जाते हैं। प्रदीप सौरभ के 'तीसरी ताली' उपन्यास का एक संवाद इस सबको समझने के लिए पर्याप्त होगा। लड़का कहता है, "आम आदमी और हिजड़े में अन्तर ही क्या है? ग़रीब का बेटा हूँ तो पूरे गाँव की भौजाई बन गया हूँ।" यह है इनकी विवशता की, दर्द की कहानी।

बहुत से हिजड़े वेश्यावृत्ति में इसलिए जुड़ जाते हैं कि वहाँ पैसा ज़्यादा होता है और नायक या गुरु की धौंस भी नहीं सहनी पड़ती।

विश्व में मन्दी आयी तो इनका काम भी मन्दा पड़ गया। दिल्ली में कस्तूरबा गाँधी मार्ग पर शाम होते ही ये लड़के–हिजड़े, असली नक़ली खड़े हो जाते हैं। वेश्यावृत्ति करने वालों के लिए यह इलाक़ा स्वर्ग माना जाता है। कॉलगर्ल्स का धन्धा भी ख़ूब चलता है यहाँ। एक से एक बड़ी गाड़ियाँ आती हैं, बैठाकर चली जाती हैं। ज़्यादातर बुकिंग रहती है गेंगों की। ये हिजड़े एवं कॉलगर्ल्स भी किसी–न–किसी गैंग से जुड़े रहते हैं इन्हें पुलिस का पूरा संरक्षण मिलता है। पुलिसवालों की भी कमाई हो जाती है। बिना पुलिस के संरक्षण के ग़लत काम आसानी से हो भी नहीं सकते।

2014 से पहले इनकी कोई गिनती नहीं थी। देश में लगभग 20 लाख से ज़्यादा किन्नर हैं। अक्सर मारे–पीटे जाने, बलात्कार करने और घर से निकाले जाने की घटनाएँ सामने आती रहती हैं।"

ऊपर का यह समाचार 2018 का है। इस समाचार से इन परलिंगियों के जीवन की त्रासदी को बहुत ही स्पष्टता से समझा जा सकता है।

ट्रांसजेंडर्स के बारे में बात करते हुए उनकी इस मुश्किल को समझना होगा कि एक जेंडर से दूसरे जेंडर में चले जाना सरल बात नहीं है। वह न तो पुरुष हैं और न ही स्त्री। उनकी अवस्था बीच की होती है। इसमें शारीरिक, मानसिक, सामाजिक, राजनीतिक अनेक पक्षों के सवाल उलझे हुए होते हैं। इन उलझनों को सुलझाना एक व्यक्ति के लिए अत्यन्त कठिन होता है। जब वह समझता है कि असल में उसका लिंग उसके शरीर के साथ नहीं है तो उस दूसरे लिंग के अनुसार उसका व्यवहार अपनाना, वैसा ही चाल–चलन, हाव–भाव, पहनावा आदि तो कोई विशेष बात नहीं है। कुछ स्वाभाविक रूप से हो जाता है, कुछ अपनाने में थोड़ी

बहुत परेशानी आती है। परन्तु मुश्किल अपनी भाषा बदलने में आती है। समाज के साथ उस रूप में खड़े होने में आती है। उसके प्रमाण स्वरूप काग़ज़ी, राजनीतिक, सामाजिक औपचारिकताएँ भी करनी पड़ती है। इसी से उसे यह सब बहुत उलझन भरा लगता है और अपनी लिंगीय पहचान खलती भी है। पर उसे स्वीकार करने के अतिरिक्त और रास्ता भी नहीं होता। परिवार सम्पन्न हो तो हार्मोनल चिकित्सा एवं शल्य चिकित्सा हो सकती है, परन्तु इतने संसाधन होते ही कहाँ हैं अधिकांश के पास।

लिंग परिवर्तन की शल्यक्रिया से पूर्व ऐसे व्यक्ति को कम–से–कम एक या दो वर्ष तक जिस लिंग में बदलना हो उसके समान उसके रूप में व्यवहार करने की, वास्तविक जीवन का अनुभव लेने को कहा जाता है। यदि विशेषज्ञों को सन्तुष्टि हो, उन्हें उचित लगे तो ही वह उस व्यक्ति को सम्बन्धित अनुभवी सर्जन के पास भेजते हैं। समुचित जाँच एवं शल्य क्रिया द्वारा लिंग परिवर्तन हो जाने के बाद व्यक्ति अपना जीवन सुख से गुज़ार सकता है। अर्थात् इसमें लिंग परिवर्तन के बाद का सामाजिक व्यवहार बहुत महत्त्वपूर्ण माना जाता है।

गुणसूत्र और सम्प्रेरक के कारण लिंगभाव को बदलना मुश्किल होता है। लड़कियों की अपेक्षा लड़कों को स्त्रीलिंग भाव अपनाने में अधिक समस्याओं का सामना करना पड़ता है। समाज में उसे व्यक्त करना तो और बड़ा ख़तरा लगता है। 9.1 प्रतिशत किन्नर ऐसे ही होते हैं।

लड़कियों के लिए यह इतना मुश्किल नहीं है। ये लड़कियाँ टॉमबॉय कहलाती हैं। लड़के के हाव–भाव, उनके वस्त्र पहनना, उनकी तरह बात करना आदि समाज में पुरुष सत्ता के द्वारा किये गये शोषण से परेशान लड़कियों के लिए तो यह लाभकारी ही रहता है।

अमेरिका आदि पाश्चात्य देशों में लिंगभाव का बदलना एक समय तक मानसिक रोग ही माना जाता था। इसे डायग्नोस्टिक्स एंड स्टैटिस्टिकल मैन्युअल (Dignostics and statistical manual-DSM) में जेंडर आइडेंटिटी डिसऑर्डर (JID) के रूप में पहचाना जाता है। इसके चार महत्त्वपूर्ण लक्षण गिनाये गये हैं–

(क) 1. भिन्न लिंगभाव का लगातार तीव्र अनुभव होना। बार–बार अपने बदले लिंग भाव के जताने की तीव्र इच्छा और वैसे ही रहने की ज़िद करना।

2. अलग लिंगवाले पहनावे को प्रमुखता देना।

3. अलग लैंगिकता जैसा व्यवहार करने को तीव्रता से और लगातार प्रमुखता देना।

4. अलग लैंगिकता के खेलों, दोस्त या सहेली के साथ मनोरंजन की इच्छा या दिवास्वप्न में विशेष रुचि दिखाना।

(ख) स्वयं के लिंग में विशेष रुचि दिखाना एवं उसके जैसा आचरण करने में आनाकानी। किशोरावस्था में होने वाले शारीरिक परिवर्तन को नापसंद करना तथा उसे बदलने की तीव्र इच्छा (सम्प्रेरक–हार्मोन थेरैपी या शल्य क्रिया के द्वारा)

(ग) ऐसी मनोदशा किसी भी लिंग–विषयक शारीरिक दोष के कारण न होना।

(घ) इन दोषों के कारण मानसिक कष्ट होना और इस कारण सामाजिक, व्यावसायिक गतिविधियों में अरुचि होना और रुकावट आना।

मई 2013 में आने वाले DSM में उपर्युक्त दोषों को डिसऑर्डर न कहते हुए सिर्फ़ जेंडर डायस्फोरिया (Gender Diyphoria) माना गया है। ये किसी बीमारी के लक्षण नहीं माने जा सकते। ऐसे व्यक्तियों को सामान्य व स्वस्थ व्यक्ति से भिन्न नहीं माना जाना चाहिए। मनोवैज्ञानिक से सलाह ली जानी चाहिए।

काम करना भी तो इनके लिए बहुत बड़ी चुनौती है। आम जनता इनका उपहास करती है, इनकी उपेक्षा करती है, मज़ाक़ बनाती है, इन्हें किसी लायक भी नहीं समझा जाता। जनता में प्रचलित हिजड़ों के चुटकुले इस बात के गवाह हैं। सबसे बड़ी समस्या पैसे की है। काम करने के लिए धन की ज़रूरत से कोई इनकार नहीं कर सकता किन्तु इनके समाज के पास संसाधन, बहुत ही कम होते हैं। इनके नायक और गुरु के पास हो सकता है कि कुछ धन जुड़ा होता हो, परन्तु समाज से इन्हें ज़्यादा मिलता नहीं। नौकरी कोई देता नहीं।

स्वास्थ्य के सन्दर्भ में भी इनकी हालत ख़राब ही है। एक तो यह समाज लगभग अशिक्षित है, अतः स्वास्थ्य सम्बन्धी जानकारियाँ, जागरूकता, स्वच्छता आदि का अभाव होगा ही। यदि कोई अस्पताल जाता भी है तो डॉक्टर इन्हें पसन्द नहीं करते। पहला डर तो यही सताता है कि ये कुछ अजीबोग़रीब हरकत न कर बैठें। दूसरा, वो इन्हें छूने तक से कतराते हैं। उपेक्षा और उपहास तो इन्हें मिला ही हुआ है।

एक बड़ी समस्या इनमें एच.आई.वी. एड्स की है। समलैंगिकों में

एड्स बहुत फैला हुआ है। इनकी यौन इच्छापूर्ति के तरीक़ों के कारण, मुखमैथुन के कारण ये एड्स से संक्रमित हो जाते हैं और अस्पतालों में इन्हें कोई पूछता नहीं। जब इन्हें कंडोम देने की बात आयी तो इनके गुरु या नायक ने ही मना कर दिया। लेकिन अब धीरे–धीरे इस क्षेत्र में लगातार कार्य होने से, संस्थाओं के प्रयासों से थोड़ी–सी जागरूकता फैलने लगी है। लेकिन इनके घर ऐसी जगहों पर बने होते हैं, जहाँ पहुँचना भी आसान नहीं लगता।

इनके विषय में जानने की उत्सुकता तो लोगों में बहुत होती है कि किस तरह रहते हैं, कैसा आचार–व्यवहार है आदि। ग़लतफ़हमियाँ भी कई तरह की हैं कि इनका व्यवहार अच्छा नहीं है। बच्चों को भगाते हैं। सब छिपाकर करते हैं। अभद्र आचरण है आदि–आदि। पर यह परवाह किसी को नहीं है कि ये अपनी आजीविका कैसे चलाते हैं। कैसे अपना पेट भरते हैं। उनका शुभ अवसरों पर बढ़ाकर पैसा माँगना सभी को खलता है। भीख़ माँगना भी अच्छा नहीं लगता। लेकिन जब परिवार निकालकर बाहर कर देता है और फिर पूछता भी नहीं कि उनका बच्चा कैसे पल रहा है, ये समाज से भी बहिष्कृत कर दिये जाते हैं, नौकरी मिलती नहीं, सब उपहास करते हैं, उन्हें किसी भी योग्य नहीं समझा जाता तो पेट भरने के लिए पैसा तो माँगेंगे ही न। ज़रा–सी ग़लती पर बड़ी सज़ाएँ दी जाती हैं। ग़लती न हो तो भी पुलिस इनके माथे मढ़ देती है।

मानव-मूल्य

यह समझना चाहिए कि ये भी इन्सान हैं। इनका भी पेट है, इच्छाएँ–आकांक्षाएँ हैं। प्यार चाहते हैं। जगह–जगह इन्होंने अपनी बस्तियाँ बसा ली हैं। बड़े शहरों में, महानगरों में तो ग़रीबों के लिए जगह ही नहीं बची है। बार–बार अपनी जगहों से उजाड़े जाते हैं। फिर बिखरकर इधर–उधर बस जाते हैं। पर इनके समाज में भी कुछ नियम हैं। बहुत से हिजड़े वेश्यावृत्ति को ग़लत समझते हैं। चोरी–चकारी भी अच्छी नहीं मानी जाती। कोई ग़लत काम करने को नहीं कहा जाता। लिंगछेदन भी सब नहीं करवाते। न ही सब ख़ानदानों में ज़रूरी है। यह सब कुछ नायक व गुरु पर निर्भर करता है। कई बार तो व्यक्ति समाज का सामना न कर पाने के कारण झूठ बोल देता है कि मुझे ज़बर्दस्ती हिजड़ा बनाया गया है, जबकि वह स्वयं होता ही हिजड़ा है। इनमें भी अपराधवृत्ति आम समाज

की तरह ही है। आज आम समाज में आये दिन एक–से–एक जघन्य अपराधों के समाचार पढ़ने, सुनने, देखने को मिलते रहते हैं। तो ये भी तो उसी समाज से आये होते है, ऐसे में कुछ सदस्य यदि ग़लत काम करते हैं तो पूरे समाज को ग़लत नहीं समझना चाहिए।

यह और बात है कि ग़रीब का कोई नहीं होता। सारे अवगुण ग़रीब में ही होते हैं। मुझे तो बचपन से बहुत हँसी आती रही है जब मैं दीवाली पर लक्ष्मी की आरती के शब्द सुनती हूँ–

"जिस घर में तुम रहतीं तहँ सब सद्‌गुण आता
सब सम्भव हो जाता, मन नहीं घबराता।"

तो जैसी पूजा होती है, उससे समाज का चरित्र तो समझ में आ ही जाता है। अमीर व्यक्ति में सारी बुद्धिमत्ता भरी रहती है, वह समझदार होता है और ग़रीब कमअक्ल, मन्दबुद्धि। कोई ग़लत काम हो जाये, कुछ खो जाये तो सबसे पहले ग़रीब पर ही शक जाता है, फिर चाहे वह काम किसी पैसे वाले का हो, उसकी ईर्ष्या हो, द्वेष हो या हवस हो। इन हिजड़ों के पास तो यूँ भी कुछ नहीं होता। जो कुछ है वह इनके नायकों या गुरुओं के पास ही रहता है। आम हिजड़ा तो बहुत ही मजबूरी का जीवन जीता है। अपनी इच्छा से कुछ नहीं कर सकता।

इनमें भी हत्या जैसे जघन्य अपराध होते हैं। पर वो इनके नायकों और गुरुओं के स्तर पर ही होते हैं। इनके अपने क्षेत्र (एरिया) तय होते हैं। कोई दूसरे ख़ानदान का व्यक्ति वहाँ से पैसा नहीं ले सकता। कोई अधिकार जमाना चाहे तो फिर कुछ भी हो सकता है।

30 जनवरी 2018 (टाइम्स ऑफ़ इंडिया), 17 वर्ष के अजय पाल, जिसका हर्निया का ऑपरेशन हो चुका है, अपने को ट्रांसजेंडर मानता है, उसने कहा कि हिजड़ा समुदाय (देहरादून) की नायक रजनी रावत ने ज़बर्दस्ती मेरा सिर मुँडवा दिया। दूसरे पक्ष से रजनी ने कहा कि वह पाल हमारे समुदाय का नहीं है, ज़बर्दस्ती लोगों से पैसे वसूल रहा था। वह हम लोगों की तरह व्यवहार करके चौराहे पर भीख माँग रहा था। वह हमारी गरिमा को हानि पहुँचा रहा था। हम जन्म से ऐसे हैं, सर्जरी से नहीं। देवभूमि उत्तराखण्ड में समलैंगिकता की संस्कृति कभी नहीं रही, इसकी सहमति नहीं मिलेगी। कोरोनेशन हॉस्पिटल देहरादून के डॉक्टरों ने कहा कि लोग उसकी समस्या को समझ नहीं रहे हैं।

टाइम्स के तेजस डोगरा ने कहा कि उस लड़के के साथ कुछ समस्या है, वह ग़रीब घर से है। लेकिन यह एक गम्भीर मामला है, एकदम से कुछ कहा नहीं जा सकता।

ऐश्वर्या ऋतुपर्णा ओडिशा फ़ाइनेंस सर्विस ऑफ़िसर हैं। पहले इसका नाम रतिकान्त प्रधान था। 2015 में उसने लिंग परिवर्तन करवा लिया था। न केवल स्कूल में ही उपहास सहा, पिता भी मज़ाक़ उड़ाते थे। साथी कपड़े तक उतार देते थे, जिससे लिंग की पहचान हो सके। विश्वविद्यालय तक यह सिलसिला चलता रहा, वहाँ तो शारीरिक यातनाएँ भी सहनी पड़ीं, परन्तु पढ़ाई नहीं छोड़ी। सारी समस्याओं की जड़ पैसा ही है। जैसे आम समाज में वैसे ही इन हिजड़ों में भी। आम समाज में तो अहंकार भी बहुत बड़ा कारण होता है। ये तो लाचार इन्सान हैं। ऐसा इन्सान, जिसके पास कुछ है ही नहीं, जो बहिष्कृत, तिरस्कृत है वह किस बात पर अहंकार करेगा। उन अहंकारियों से तो ये अच्छे ही हैं, उस आधार पर तो अपराध नहीं करते।

हिजड़े स्वयं भी समाज से कटकर ही रहे हैं। आज जब इन्हें कुछ अवसर मिल भी रहे हैं, तो भी ये समाज में मिलना–जुलना नहीं चाहते। अपनी शारीरिक–मानसिक स्थिति के मकड़जाल में इस क़दर उलझ गये हैं कि उसमें से निकलना मुश्किल हो गया है। इन्हें तो ठेलना पड़ेगा तब कहीं कुछ हो सकता है। इनके नायक भी नहीं चाहते कि कोई सदस्य बाहर के लोगों से मेलजोल बढ़ाये और अपने समाज के बारे में मुँह खोले। इन किन्नरों में कुछ लोग ज़रूर ऐसे हैं, जो बचपन से ही स्वाभिमानी रहे और पढ़–लिखकर अपनी कलाओं को, क्षमताओं को विकसित करके आगे बढ़ गये। लेकिन ये गिनती के ही हैं। इन्हें देखकर यह कहना ग़लत होगा कि इनकी समस्याएँ बड़ी नहीं है। समाज का, साथियों का उपहास और अपनी विचित्र–सी स्थिति इन्हें चैन से जीने नहीं देती।

किन्नर–क़ानून और अधिकार

नागरिक अधिकार

पिछले 10–12 वर्षों से मीडिया में, पत्र–पत्रिकाओं, साहित्य में बहुत कुछ लिखा, दिखाया जाने के बावजूद और क़ानून बन जाने के बाद भी किन्नरों के प्रति आम समाज में कोई अन्तर आता दिखाई नहीं दे रहा है। शायद सब कचरे के डिब्बे में चला जाता है। पुलिस थानों में भी उपहास के पात्र ही बनते रहते हैं हिजड़े। कुछ गिने–चुने किन्नर पश्चिम की तर्ज पर अपने अस्तित्व के प्रति थोड़े–से जागरूक हुए हैं। राजनीति के फ़लक पर यत्र–तत्र ये किन्नर चिह्नित होते दिखने लगे हैं।

किन्नरों के लिए राजनीति के दरवाज़े 1998 में शबनम मासी सोहागपुर नामक किन्नर ने खोले। वो पहली भारतीय किन्नर थी जिसने मध्य प्रदेश लेजिस्लेटिव असेम्बली से MLC के लिए चुनाव लड़ा और विधायक बनी। उसने अपने ब्लॉक में भ्रष्टाचार, बेरोज़गारी, ग़रीबी एवं भुखमरी मिटाने के मुद्दों पर चुनाव लड़ा। हिजड़ों के साथ भेदभाव के लिए भी आवाज़ उठायी। यह अलग बात है कि 20 साल बाद आज भी राजनीति में ये नाममात्र को हैं। 1998 से 2003 तक ये MLC रही। 1994 में किन्नरों को वोटिंग अधिकार दिये गये। 2004 में चार किन्नरों ने निर्दलीय चुनाव लड़ा। यद्यपि चारों ही हार गये, पर आगे तो बढ़े। कुछ वर्षों पूर्व जो स्थिति पंचायत चुनावों में महिलाओं की थी कि सुरक्षित सीट से ये महिलाएँ पंच तो चुनी गयीं, लेकिन काम उनके पति महोदय ही करते रहे, सारे निर्णय पुरुष ही लेते रहे, यहाँ तक कि मीटिंग्स में भी पंच जो महिला चुनी गयी थी–भाग नहीं ले पायी। औरत को क्या अक्ल इन बातों की–कहकर पति महोदय ने उसके आत्मविश्वास को बढ़ने ही नहीं दिया। कुछ गाँवों में तो मीटिंग में बैठी यह ग्राम प्रधान घूँघट ही

नहीं हटा पायी। ऐसे ही किन्नरों का राजनीति में आना कठपुतली बनने जैसा ही है।

तमिलनाडु में किन्नरों के अधिकारों के लिए लड़ने वाली सारा का कहना है कि राजनीतिक पार्टियाँ किन्नरों का प्रयोग मोहरों की तरह करती हैं। इधर किन्नर मानते हैं कि राजनीति खुद को स्थापित करने का एक अवसर है।

एक अन्य किन्नर सुधा ने एआईएडीएमके पार्टी से टिकट पाने की कोशिश की । उसका मानना था कि कोशिश करना भी एक क़दम और आगे की ओर बढ़ना है।

कहा यह जाता है कि किन्नर काम तो कम करते हैं और पद ऊँचा चाहते हैं। पहले ही दिन विधायक बनने के स्वप्न देखते लगते हैं। पर यह या तो पुरुष रूप में या स्त्री रूप में ही चलता रहा। इनकी वास्तविकता तो अलग है, उसे पहचान मिलने में बहुत समय लगा।

समाधान–शासन के स्तर पर उच्च न्यायालय का फ़ैसला

भारत में 2014 में सर्वोच्च न्यायालय ने नेशनल लीगल सर्विसेज ऑथोरिटी की अर्ज़ी पर फ़ैसला सुनाते हुए किन्नर समाज को तीसरे लिंग के रूप में पहचान दी। इससे प्रत्येक किन्नर को जन्म प्रमाण–पत्र, राशन कार्ड, ड्राइविंग लाइसेंस के आधार पर लिंग पहचान हासिल करने का अधिकार मिल गया। परस्पर विवाह करने व तलाक़ देने की छूट भी मिली। बच्चों को गोद लेने का अधिकार भी उन्हें मिल गया और इसके साथ ही सम्पत्ति उत्तराधिकार क़ानून के तहत जो भी अधिकार तथा लाभ उन्हें मिल सकते हैं, वो सभी मिल गये।

कोर्ट ने एक बात यह भी स्पष्ट की कि यह फ़ैसला लेस्बियन (समलैंगिक स्त्रियों), गे (समलैंगिक पुरुष) और बालसेक्सुअल पर लागू नहीं होगा क्योंकि इन्हें तृतीय लिंग में–शामिल नहीं किया जा सकता।

ट्रांसजेंडर अधिकार बिल

डी.एम.के. के सांसद तिरुचि शिवा ने 2015 में 'द राइट्स ऑफ़ ट्रांसजेंडर शीर्षक से पर्सन्स बिल 2014' राज्यसभा में एक निजी विधेयक प्रस्तुत किया। उस समय यह किसी को उम्मीद ही नहीं थी कि ऐसा कोई विधेयक आ सकता है। अतः इसी को आधार बनाकर सामाजिक न्याय मन्त्रालय ने नया

विधेयक तैयार किया, जो पास भी हुआ। विशेष बात यह है कि चार दशक में पहली बार ऊपरी सदन में किसी निजी विधेयक को मंज़ूरी दी गयी। 19 जुलाई 2016 में प्रधानमन्त्री नरेन्द्र मोदी की अध्यक्षता में केन्द्रीय मन्त्रिमण्डल ने ट्रांसजेंडर पर्सन्स (प्रोटेक्शन ऑफ़ राइट्स) बिल को मंजूरी दे दी।

प्रावधान

इस विधेयक के द्वारा कुछ दण्डात्मक प्रावधान किये गये। किन्नरों का उत्पीड़न या किसी भी प्रकार से उनकी प्रताड़ना करना अपराध माना गया है। अपराधी को छह महीने की जेल हो सकती है। यह सज़ा कुछ वर्षों की भी हो सकती है।

यदि कोई किन्नर अनुसूचित जाति (SC) या आदिवासी वर्ग (ST) से नहीं है तो उसे अन्य पिछड़ा वर्ग (OBC) में गिना जायेगा और उसे इस वर्ग के लाभ मिलेंगे—यह प्रस्ताव भी है।

भारत सरकार का प्रयास इस बिल के द्वारा एक व्यवस्था बनाने का था, जिससे किन्नर सामाजिक जीवन, शिक्षा और आर्थिक क्षेत्र में आज़ादी पूर्वक शामिल हो सकें, उन्हें सामान्य वर्गों की तरह ही जीवन जीने के अवसर प्राप्त हों। आशा की गयी कि यह विधेयक किन्नरों के जीवन को समाज की मुख्यधारा में जोड़ेगा जिसके लिए किन्नर लम्बे समय से आवाज़ उठा रहे हैं। जैसा कि बताया जा चुका है कि किन्नरों को समाज में सामाजिक कलंक के रूप में देखा जाता है तो इनके जीवन की त्रासदियों को समाप्त करने के लिए बहुत कुछ किया जाना आवश्यक है। यह विधेयक उसी दिशा में एक प्रयास है।

इस विधेयक के द्वारा समाज के लोगों का ध्यान भी किन्नरों के जीवन के कष्टों, उनकी मजबूरियाँ, उनकी समस्याओं को समझने की तरफ़ जायेगा। इससे क़ानून का पालन भी होगा। केन्द्र, केन्द्रशासित प्रदेशों के प्रशासन निकायों एवं राज्य सरकारों को यह बात समझनी बहुत आवश्यक है कि वे किन्नरों की समस्याओं की गम्भीरता को समझें एवं संवेदनशीलतापूर्वक उन समस्याओं को दूर करने का प्रयास करके उनके मानवाधिकारों का हनन न होने दें। लेकिन यह क़ानून बनने के बावजूद किन्नरों की स्थिति में ज़्यादा अन्तर नहीं आया है। ज़्यादातर किन्नर मतदाता सूची से अभी भी बाहर ही हैं।

राजनीतिक स्थिति

2015 में केरल नगरपालिका चुनावों में पहली बार 83 किन्नरों ने तृतीय लिंगी के अधिकार का प्रयोग करते हुए वोट डाला, वहाँ इनकी संख्या 10,000 है। विपरीत परिस्थितियों के चलते किन्नर केरल से कोयम्बटूर, मदुरै, चेन्नई आदि स्थानों पर चले जाते हैं।

पश्चिमी बंगाल में 500 किन्नरों का नाम ही मतदाता सूची में शामिल है, जबकि वहाँ 30,000 किन्नर हैं । असम में 22 मतदाता किन्नर थे चुनाव में। बिहार में 86 लाख मतदाताओं में 256 किन्नरों ने भी वोट डाला।

2016 से राजनीतिक पार्टियाँ इन तक वोट के लिए पहुँच रही हैं। तमिलनाडु में अमित शाह ने अप्सरा रेड्डी नामक किन्नर को बीजेपी में शामिल किया। इसके एकदम बाद कांग्रेस ने एक किन्नर को पार्टी का सदस्य बना लिया।

तमिलनाडु और पुडुचेरी में नाम तमिलार काची नामक राजनीतिक पार्टी सक्रिय है। इसने भी देवी नाम के किन्नर को टिकट देने का निर्णय लिया।

तमिलनाडु भारत का प्रथम राज्य है, जिसमें किन्नरों को राष्ट्र की मुख्यधारा में लाने की कोशिशें एक लम्बे अर्से से हो रही हैं। कुछ वर्ष पूर्व से ही किन्नरों ने राजनीति में आना शुरू कर दिया था–ऐसे कुछ उदाहरण मिलते हैं। सम्भवतः पुरुषलिंगी के नाते यह सम्भव हुआ होगा।

2002 में 18 किन्नर विधानसभा चुनाव में खड़े हुए थे। नौ वर्ष पूर्व मुकेश नाम का किन्नर भी चुनाव में खड़ा हुआ था।

2009 में कमला नाम का किन्नर मध्य प्रदेश के कटनी ज़िले में मेयर चुना गया था। मध्य प्रदेश में यह दूसरी बार हुआ था।

जनगणना में लगभग 4.9 लाख किन्नरों ने कुल मिलाकर अपने किन्नर होने की घोषणा की। लेकिन मताधिकार के लिए केवल 28000 ने अपने को पंजीकृत कराया।

हालाँकि ऐसे उदाहरण राजनीतिक के अतिरिक्त सामाजिक एवं आर्थिक क्षेत्र में भी मिलते हैं, ये ज़्यादातर दक्षिण भारत से हैं।

पद्मिनी प्रकाश नामक किन्नर एक बेहद लोकप्रिय समाचारवाचक हैं। इनका बचपन बहुत कठिनाइयों भरा रहा। परिवारवालों ने इन्हें घर से निष्कासित कर दिया था।

पोलाची में रहने वाले कल्कि सुब्रह्मण्यम लेखक एवं कवि हैं। सहोदरी फाउंडेशन के तहत किन्नरों के उत्थान के लिए प्रयत्नशील हैं। इन्होंने कई सराहनीय कार्य किये हैं। लिंगभेद को लेकर भी आवाज़ उठा रहे हैं।

मानबी बंद्योपाध्याय कृष्णानगर महिला महाविद्यालय के पहले किन्नर प्रिंसिपल बने। इन्होंने कॉलेज प्रशासन में अनेक सुधार किये। इससे पहले यह विवेकानन्द सतोवार्षिकी महाविद्यालय में सह–प्राध्यापक थे।

रोज वेंकटेशन फ़िल्म एवं रेडियो जगत् से जुड़े हैं और काम करते हैं। ये पहले किन्नर हैं, जो टी.वी. पर एक चर्चा में मेजबान बने। एक फ़िल्म 'क्रिकेट स्कैंडल' में भी मुख्य भूमिका में रहे।

लिविंग स्माइल विद्या रंगमंच के कलाकार हैं, सामाजिक कार्यक्रमों के माध्यम से भेदभाव के ख़िलाफ़ आवाज़ उठायी है इन्होंने। ये विद्यापनमाई नाम के थियेटर में कलाकार भी हैं और निर्देशन का कार्य भी करते हैं। इच्छामृत्यु की माँग को लेकर चर्चा में रहे।

भारती ने देश की पहली पादरी बनकर ईसाई जगत् में इतिहास रचा है। तमिलनाडु के चेन्नई में रहते हैं। इनके लाखों अनुयायी हैं। धर्मशास्त्र में स्नातक हैं।

आजकल फ़ेसबुक पर भी कुछ किन्नर दिखने लगे हैं।

भारतीय किन्नरों की दुनिया में एक बहुत बड़ा नाम लक्ष्मीनारायण त्रिपाठी का है। इन्होंने अपनी लिंगीयत को बहुत साहस के साथ परिवार एवं समाज के समक्ष स्वीकारा है। लक्ष्मी किन्नर एक बहुत अच्छे नर्तक हैं। देश–विदेश में अनेक मंचों से इन्होंने किन्नरों के लिए आवाज़ उठाई है। सामाजिक संस्थाएँ बनाकर उनसे जुड़कर किन्नरों की शिक्षा, स्वास्थ्य, व्यवसाय, आजीविका आदि के लिए ये लगातार प्रयासरत हैं। टी.वी. के 'बिग बॉस' कार्यक्रम में इन्हें सम्मिलित किया गया। अनेक पुरस्कारों से सम्मानित हैं।

इनकी आत्मकथा 'मैं लक्ष्मी मैं हिजड़ा' नाम से 2015 में वाणी प्रकाशन से प्रकाशित हुई। यह पुस्तक किन्नरों की समस्याओं–सामाजिक, आर्थिक, मनोवैज्ञानिक, स्वास्थ्य सम्बन्धी आदि सभी पर अच्छा प्रकाश डालती है। कई प्रकार की भ्रान्तियों को मिटाती है। इसे मराठी में वैशाली रोडे ने लिखा तथा हिन्दी में इसका अनुवाद डॉ. शशिकला और सुरेखा बनकर ने किया है।

मित्र ट्रस्ट, दिल्ली की अध्यक्षा रुद्राणी **क्षेत्री** ने मॉडलिंग एजेंसी खोली है, जिसमें ट्रांसजेंडर्स को मॉडलिंग के लिए अवसर दिया जाता है।

यह सब जानकर एक बार तो लगने लगता है कि किन्नर समाज पर्याप्त प्रगति कर रहा है। परिवर्तन प्रकृति का नियम है। उत्थान–पतन, दिन–रात, सुख–दुख प्रत्येक स्तर पर अपना काम करते रहते हैं। इसी प्रकार इनके दिन भी बदलेंगे ही। लेकिन अभी गिने चुने किन्नरों के नामों के अतिरिक्त कुछ नहीं बदला है। इनकी बदहाली आज भी वैसी ही है।

वही ग़रीबी, अशिक्षा, अन्धविश्वास, परम्परागत व्यवहार और सामाजिक उपेक्षा, तिरस्कार, बहिष्कार सब आज भी चल रहा है। आम आदमी इनके बारे में बात तक नहीं करना चाहता। किन्नर शब्द सुनते ही लोगों के चेहरे पर उपेक्षा का, तिरस्कार का भाव आ जाता है।

पिछले पृष्ठों में अगस्त 2018 का एक समाचार, जो किन्नरों पर किये गये सर्वेक्षण जैसा ही है–के अुनसार 90 प्रतिशत से ऊपर किन्नर आज भी तंगहाल, मानवीय धरातल से नीचे का जीवन जीने को मजबूर हैं।

क़ानून कितने भी बना लीजिए जब तक व्यक्ति, समाज, समुदाय की सोच नहीं बदलेगी तब तक बदलाव नहीं हो सकते। कई स्तरों पर काम करने की आवश्यकता है।

आज हिजड़ा भी एक उद्योग की तरह हो गया है। पैसा कमाने का ज़रिया बन गया है। हिजड़े वेश्यावृत्ति तो अपनाते ही हैं, बहुत से छोटे लड़कों के पुरुषांग भी काट दिये जाते हैं, उन्हें हिजड़ा बनाने के लिए। कुछ लोग धन कमाने के लिए स्वयं ही हिजड़ों की तरह व्यवहार करने लगते हैं। सेक्स के बाज़ार में विदेशियों द्वारा छोटे लड़कों की माँग ज़्यादा होने से इस माँग की पूर्ति के लिए हिजड़ा समाज के लोग बच्चों को अगवा तक कर लेते हैं। बच्चा नपुंसक ही पैदा हुआ हो और पता चल जाये तो इनकी हर सम्भव कोशिश रहती है कि उसे अपने साथ ही ले जायें। जैसे हर क्षेत्र में पैसा कमाने के लिए गैंग बन गये हैं, माफ़िया पैदा हो गये हैं, यहाँ भी वही हाल है। वैसी ही हत्याएँ, वैसी ही तानाशाही, शोषण आदि।

किन्नर समाज को ऊपर उठाने के लिए पारिवारिक, सामाजिक एवं सरकारी तीनों ही स्तरों पर कार्य करने की आवश्यकता है।

चिकित्सा

मनोविकार शास्त्र में आज बहुत प्रभावी औषधियाँ मिलती हैं, जिनसे नैराश्य, मानसिक आघात आदि से उबरना मुश्किल नहीं रहा है। उचित मात्रा में एवं आवश्यक समय तक इन दवाइयों को लेने से व्यक्ति को सँभलने में सहायता मिलती है। ये दवाइयाँ हानि न पहुँचाने वाली, आदत में शुमार न होने वाली, लीवर या गुर्दे आदि को हानि न पहुँचाने वाली होती है। अनुभवी मनोविकार विशेषज्ञ की देखरेख में ही ये दवाइयाँ दी जानी चाहिए।

जो लिंग बदलना चाहते हों, उनको भी समय से पूरा–पूरा मार्गदर्शन मिलना आसान होना चाहिए।

क़ानूनी सुरक्षा

सरकारें हिजड़ों के बलात्कार को भी आमजन के बलात्कार की श्रेणी में लाने का क़ानून बनायें। इसे भी उतना ही बड़ा अपराध माना जाये, जितना एक सामान्य बच्चे के साथ बलात्कार को माना जाता है। इनको हर प्रकार से सुरक्षा प्रदान की जाये। जैसे अनुसूचित जातियों की बेइज़्ज़ती करने पर कठोर दण्ड का प्रावधान है, वैसे ही इनके अपमान पर भी सज़ा दी जाये।

स्वास्थ्य बीमा का लाभ इन्हें भी मिलना चाहिए, ताकि ये अपनी हार्मोनल एवं शल्य चिकित्सा आसानी से करवा लें।

इस कार्य में सामाजिक संस्थाएँ, सामाजिक कार्यकर्ता (एक्टिविस्ट), चिन्तक, लेखक, पत्रकार भी अच्छे सहायक हो सकते हैं। इन्हें विकलांग मानकर आरक्षण का लाभ दिया जाये। क़ानून में इन्हें अन्य पिछड़ा वर्ग में आरक्षण देने की चर्चा तो चल ही गयी है।

शिक्षा

स्कूलों के पाठ्यक्रम में लिंगीयता के विषय भी सम्मिलित किये जायें। सामाजिक ज्ञान की पुस्तकों में एक विषय इस तृतीय लिंग के परिचय का भी जोड़ा जाये, जिससे प्रारम्भ से ही छात्र इनको सामान्य दृष्टि से देखें। स्वाभाविक अन्तर को आसानी से स्वीकार कर लें।

किन्नरों की नृत्य–संगीत की क्षमताओं को बढ़ाने के लिए स्कूली स्तर पर प्रबन्ध किये जायें। सामान्य रूप से तृतीयलिंगी बच्चों में वो सभी

क्षमताएँ होती हैं, जो एक सामान्य लड़के या लड़की में हो सकती हैं। यदि अनुकूल वातावरण एवं परिस्थिति मिले तो ये बच्चे भी बड़े होकर सब कुछ कर सकते हैं।

इन बच्चों की क्षमताओं को समझकर उन्हें विकसित करने के लिए इनका मार्गदर्शन किया जाये, हर प्रकार से प्रोत्साहन दिया जाये एवं सब प्रकार की सहायता प्रदान की जाये। खेल, कलाएँ, कम्प्यूटर, अभिनय, वाचिक क्षमताएँ आदि के विकास के लिए पूरे अवसर उपलब्ध कराये जायें।

विद्यालयों में, शिक्षण संस्थाओं में मनोवैज्ञानिकों, मनोचिकित्सकों की नियुक्ति भी होनी चाहिए, जिससे इन बच्चों को अपनी मानसिकता को समझने में आसानी हो एवं ये बच्चे अपनी उलझनों को सुलझा सकें।

टी.वी., रेडियो आदि पर तृतीयलिंग पर चर्चाएँ आयोजित की जायें, जिससे समाज में, किन्नर समाज में तो जागरूकता आयेगी ही विशेष रूप से आमजन की इनके प्रति धारणा में भी बदलाव आयेगा। आज इन लोगों पर से मानसिक रोगी का ठप्पा हटाया जा चुका है।

सरकार की तरफ़ से इनको आर्थिक सहायता भी दी जाये, जहाँ जैसी आवश्यकता हो।

किन्नर बच्चों के लिए पृथक स्कूल एवं छात्रावास बनाये जा सकते हैं। इससे इन बच्चों में जो अकेलापन, बेचैनी, सन्देह एवं अशान्ति आ जाती है, वह नहीं आ पायेगी। बोर्डिंग स्कूल जैसी संस्थाएँ स्थापित की जायें, जिनमें इनका अधिक समय बीते और ये बच्चे ज़्यादा से ज़्यादा अपने मन को खोलें। ऐसे बच्चों का अपने को खोलना आसान नहीं होता। इसलिए इन्हें समय और अवसर दोनों ही उपलब्ध हों।

बात–बात पर इन पर दोषारोपण करना, दवाब डालना, हँसी उड़ाना, अपमान करना और निन्दा करना बन्द किया जाये। 'लक्ष्मी की आत्मकथा' ने यह समझा दिया है क्योंकि उसे उसकी कला के प्रदर्शन के लिए स्कूल में ही मंच मिला, तो उसके नृत्य को दर्शकों की वाहवाही मिली। अच्छे स्कूल व टीचर मिलने से उसमें आत्मसम्मान जागा। अपनी बात को लोगों के समक्ष ठीक से रखने का साहस मिला।

पुलिस तन्त्र

सरकार को देश के पुलिस तन्त्र को भी पटरी पर लाने के लिए और ज़्यादा दृढ़ता व गम्भीरता से कोशिशें करनी चाहिए। एक व्यंग्यकार, उर्दू लेखक का पुलिस के बारे में यह कथन कि–

"99 प्रतिशत पुलिसवालों की वजह से बाक़ी के एक प्रतिशत पुलिसवाले भी बदनाम हैं"—पुलिस व्यवस्था को आईना दिखाता है।

अपने काम में लापरवाही एवं भ्रष्टाचार के दोषी पुलिसकर्मियों को कठोर सज़ा के प्रावधान होने चाहिए। पुलिस का प्रशिक्षण देते हुए इन प्रशिक्षुओं को शेष समाज के प्रति संवेदनशील व उत्तरदायी होना तो सिखाया ही जाता है, किन्नर समाज के प्रति भी उनकी सोच बदलने के प्रयास व प्रशिक्षण—काउंसिलिंग आदि देनी चाहिए।

कुप्रथाओं से मुक्ति-निर्वाण

हिजड़ों में निर्वाण जैसी कुप्रथा को समाप्त करने के लिए क़ानून बनाये सरकार। निर्वाण एक अनावश्यक, अत्यन्त कष्टकारी, क्रूरताभरी अमानवीय परम्परा व तरीक़ा है। यद्यपि यह हर जगह अनिवार्य नहीं है इसका कुछ सीमा तक दुरुपयोग तो होता ही रहा है। बच्चों का अपने स्वार्थ के लिए लिंग काट देना तो नीचतम, क्रूर अमानवीय कृत्य है। जैसे कन्या भ्रूण हत्या, बलात्कार आदि के लिए कठोर क़ानून बनाये गये हैं, कठोर सज़ाओं का प्रावधान किया गया है, उसी प्रकार निर्वाण या लिंगच्छेदन के लिए भी कठोर दण्ड का क़ानून होना चाहिए।

तानाशाही

जैसे शेष समाज एक लोकतन्त्रीय शासन में रह रहा है, किन्नरों को भी उनकी तानाशाही सामाजिक व्यवस्था से मुक्ति मिलनी चाहिए। उनके लिए पृथक समाज की अवधारणा का कोई औचित्य नहीं है। अंग्रेज़ी शासन के पूर्व तक इनके अलग समाज का कोई उदाहरण, कोई उल्लेख नहीं प्राप्त होता।

वेश्यावृत्ति

वेश्यावृत्ति का इतिहास ईसापूर्व से ही उपलब्ध है। वात्स्यायन के 'कामसूत्र' में स्पष्ट रूप से वेश्यावृत्ति का उल्लेख है। सरकार को इसे भी क़ानूनी रूप दे देना चाहिए। जब तक यह मानव सृष्टि है और इसमें स्त्री—पुरुषों की पेट भरने तथा यौन आकांक्षा की पूर्ति करने की आवश्यकता है तब तक वेश्यावृत्ति समाप्त नहीं हो सकती। इसके कुछ अनिवार्य पक्ष हैं। क़ानून में क्या—क्या प्रावधान हों और कैसे उनका अनुपालन होगा—यह तो विशेषज्ञ ही बता सकते हैं।

अभी 2018 में मुजफ़्फ़रपुर, देवरिया आदि के अनेक बालिका गृहों में बालिकाओं के यौन–शोषण के समाचार टाटा इंस्टीट्यूट के माध्यम से प्रकाश में आये। इस संस्था ने मोतिहारी, भागलपुर, मुँगेर और गया के लड़कों के आश्रय स्थलों के बारे में भी शिकायत की है कि यहाँ छोटे–छोटे लड़कों को यौन–शोषण से गुज़रना पड़ता है। यद्यपि इसकी किसी भी समाचार माध्यम टी.वी., रेडियो, समाचार–पत्र आदि द्वारा चर्चा नहीं की गयी।

इस सबकी रोकथाम के लिए या इस पर अंकुश लगाने के लिए वेश्यावृत्ति को एक वैध व्यवसाय मान लिया जाना चाहिए। साथ ही यौनपूर्ति को पश्चिमी सभ्यता की तरह भारत के समाज में स्वीकृति मिल जानी चाहिए। इससे बाल यौन–शोषण समाप्त न भी हो कम तो हो ही जायेगा। साथ ही किन्नरों को आजीविका तो मिलेगी ही उनका यौन–शोषण भी कम होगा। बलात्कार की घटनाओं में भी कमी आयेगी।

अभद्र व्यवहार

किन्नरों के अभद्र व्यवहार के पीछे उनकी समस्याएँ हैं, जिनमें सबसे प्रमुख समस्या आजीविका की है। सबका पेट रोटी माँगता है। जब उन्हें पर्याप्त पैसा नहीं मिलता तो वो कुछ और तरीक़े अपनाते हैं। शुक्र मानना चाहिए कि चोरी नहीं करते, डाका नहीं डालते, लूटते नहीं, जघन्य कार्य नहीं करते। उनको पर्याप्त भोजन मिले, इसका प्रबन्ध सरकारों को करना चाहिए।

दूसरा बड़ा कारण उनका हर स्तर पर अपमान है। सब उन्हें नीची निगाहों से देखते हैं, पुलिस उनकी उपेक्षा ही नहीं करती, थानों में अनेक प्रकार से बेइज़्ज़ती भी सहनी पड़ती है। जो अपराध उन्होंने नहीं किये होते, उनका दोषारोपण भी इन हिजड़ों पर किया जाता है। पुलिस को दृढ़ता से यह सन्देश दिया जाये कि ऐसा करना अपराध माना जायेगा। इसके लिए पुलिसवालों के लिए भी कड़ी सज़ा का प्रावधान किया जाये।

माता–पिता, समाज के स्तर पर

माता–पिता द्वारा किन्नर बच्चों का बहिष्कार किसी भी रूप में क़ानूनी दायरे में अपराध घोषित कर दे सरकार। यह इन तृतीयलिंगी इन्सानों के जीवन के लिए बहुत बड़ा वरदान सिद्ध होगा।

किन्नरों को समाज की मुख्यधारा में लाने की सबसे बड़ी ज़िम्मेदारी

माता–पिता की है। माता–पिता जैसे अन्य सभी बच्चों का पालन–पोषण करते हैं, वैसे ही इन बच्चों को भी पालें। समाज में जाने कितने विकलांग बच्चे पैदा होते हैं। कोई सुन नहीं सकता, बोल नहीं सकता। किसी बच्चे की बुद्धि पूरी तरह विकसित नहीं होती। कोई–कोई बच्चा तो ज़िन्दा लाश की तरह ही जी रहा होता है। कुछ बच्चे दृष्टिहीन होते हैं। माता–पिता इन बच्चों को पालते ही हैं। किसी को देते नहीं हैं। इसी प्रकार इन बच्चों को भी किन्नर समुदाय में देना बन्द कर दिया जाना चाहिए।

किन्नरों के बारे में तरह–तरह के चुटकुले सुनने को मिलते हैं। इनके अनुसार धारणा यह बनती है कि किन्नरों का दिमाग़ ठीक से नहीं चलता। वो कहीं भी ताली बजाकर नाचना शुरू कर देते हैं। यह बात सत्य नहीं है। होता केवल इतना है कि यदि कोई व्यक्ति इस समाज से जुड़ता है तो उसको ताली बजाकर बात करना, नाचना आदि का अभ्यास करवाया जाता है। वही फिर आदत बन जाती है। यदि माता–पिता अन्य बच्चों की तरह ही इन्हें पालेंगे तो यह समस्या रहेगी ही नहीं।

अंग्रेज़ों के भारत में आने से पूर्व यदि हिजड़ा समाज अलग नहीं था तो आज भी वह समाज की मुख्यधारा का हिस्सा बन ही जायेगा। यूँ भी किन्नर बच्चा हज़ारों में कोई एक ही पैदा होता है।

ऐसे बच्चे को पालते हुए जब वह कुछ बड़ा होता है तो माँ–बाप को उसके व्यवहार, उसकी रुचियों आदि पर ध्यान देना तथा उसके व्यक्तित्व में कुछ यदि बदला–बदला लगे तो उसे नकारने, उसकी उपेक्षा करने, डांटने के स्थान पर बच्चे को ज़रूरत के अनुसार मानसिक सहारा दें। उससे निकटता बनाकर उसके साथ बात करें। उसकी रुचियों को विकसित करने के रास्ते बनाने का प्रयास करें। उसकी उत्सुकताओं, सन्देहों को शान्त करते हुए उसका उचित मार्गदर्शन करें, प्यार दें।

सलाह केन्द्र

ज़रूरत तो इस बात की भी है कि ऐसे बच्चों के माता–पिताओं के लिए सलाह–मशविरा केन्द्र खोले जायें। यह कार्य सामाजिक कार्य करने वाले, सामाजिक संस्थाएँ चलाने वाले लोगों द्वारा बहुत सरलता से किया जा सकता है। एन.जी.ओ. कर सकते हैं। इन केन्द्रों में माता–पिता को यह समझाया जाना चाहिए कि इन बच्चों की क्षमताओं में कोई कमी नहीं है। आवश्यकता यह है कि इन्हें भी सामान्य बच्चों की तरह पूरा प्यार, पूरा पोषण, पूरी देखभाल व अपनापन मिले। ये बच्चे सन्तान उत्पन्न नहीं

कर सकते–बस यही एक कमी होती है। कई लड़कियाँ, जिनके यौनांग बाहरी रूप से पूरे विकसित होते हैं, उनमें भी गर्भाशय विकसित न होने के कारण वे सन्तानोत्पत्ति में समर्थ नहीं होतीं। उनको भी माता–पिता पालन–पोषण करते ही हैं।

माता–पिता को क़ानूनी बातें भी इन केन्द्रों में बतायी जायें कि क्या–क्या बातें, उनके क्या–क्या कार्य अपराध माने जा सकते हैं। साथ ही उन्हें किन्नर बच्चों के लिए खुली हुई संस्थाओं, विशेष रियायतों आदि के बारे में भी इन केन्द्रों में बताया जाना चाहिए।

सम्पन्न माता–पिता को तो इन बच्चों का डॉक्टरी परीक्षण करवाकर, ज़रूरत के अनुसार चिकित्सा करवानी चाहिए। कुछ लड़कों का लिंग परिवर्तन हार्मोन (सम्प्रेरक) चिकित्सा एवं शल्य चिकित्सा (सर्जरी) के द्वारा किया जा सकता है। हिजड़ों को किसी भी सूरत में बच्चा सौंपा नहीं जाना चाहिए। घर में उसका व्यवहार बदला हुआ हो तो उसकी रुचियों के अनुसार वह जी सके, इसका प्रबन्ध करना चाहिए। उसे वे सारी सुविधाएँ उपलब्ध करवाई जानी चाहिए। क्या पता वही बच्चा अपने माता–पिता के लिए सबसे अच्छा व योग्य बच्चा सिद्ध हो जाये। अन्य भाई–बहनों को भी ठीक से समझाना चाहिए कि वो उस बच्चे का उपहास न करें, तिरस्कार न करें।

सकारात्मक सोच

यदि बच्चा योग्य होगा, किसी कला में कुशल होगा, पढ़ाई में आगे होगा तो उसको स्कूल आदि संस्थाओं में सम्मान मिलेगा ही, केवल इन बच्चों के प्रति सकारात्मक सोच व दृष्टि की आवश्यकता है।

सामाजिक स्तर पर भी इन बच्चों, किशोरों, लड़कों के प्रति सकारात्मक सोच विकसित करने की ज़रूरत है। इनका सामान्य लोगों के बीच आकर अभद्र व्यवहार करना, उनके प्रति समाज के द्वारा की गयी उपेक्षा, उपहास का पात्र बनाना, बहिष्कार, निष्कासन आदि की प्रतिक्रियाओं की परिणति है। यदि यह इनके मूल स्वभाव में होता तो प्राचीन भारतीय साहित्य में इसका उल्लेख किसी–न–किसी प्रसंग में निश्चित रूप से होता। लेकिन हम देखते हैं कि जहाँ इन तृतीय प्रकृति वालों की बात की गयी है, वहाँ ऐसा कुछ लिखा नहीं मिलता। न तो वात्स्यायन के कामसूत्र में और न ही रामायण, महाभारत या पुराणों में।

एक अत्यन्त महत्त्वपूर्ण बिन्दु यह है कि माता–पिता इन लड़कों का

विवाह न करें। 'मैं लक्ष्मी–मैं हिजड़ा' में लक्ष्मीनारायण त्रिपाठी उर्फ़ राजू ने भी यह लिखा है कि उसके माता–पिता एक समय उसकी शादी की बात करने लगे थे। यह तो उसकी समझदारी ही थी कि उसने दृढ़तापूर्वक माता–पिता को यह बात आगे बढ़ाने के लिए मना कर दिया।

समाज में अनेक बार देखा गया है कि लड़के के द्वारा अनिच्छा ज़ाहिर करने के बावजूद माता–पिता उसकी शादी करने के लिए दबाव बनाते हैं। उसे तरह–तरह के लालच देकर विवाह करने पर मजबूर कर देते हैं। विवाह हो जाता है, जबकि लड़के की इच्छा बिल्कुल नहीं होती। उसमें लड़की के प्रति कोई आकर्षण नहीं होता। इस प्रकार एक लड़की को जीवन भर का दुख दे दिया जाता है।

यह तो अच्छा है कि आज शिक्षित होने के कारण ऐसी स्थिति में लड़कियाँ ज़्यादातर तलाक़ ले लेती हैं। कई बार लड़की के माता–पिता ही कुछ समय में समझ जाते हैं और उसे तलाक़ दिलवा देते हैं। इस सन्दर्भ में एक बात यह भी है कि कभी–कभी ऐसे लड़के का यद्यपि स्त्री के प्रति कोई आकर्षण नहीं होता, लेकिन कुछ हार्मोनल चिकित्सा के द्वारा वह सन्तान उत्पन्न कर पाता है, क्योंकि उसके जननांग विकसित होते हैं, परन्तु उसमें समलैंगिक आकर्षण होता है।

इसे डिसऑर्डर मानें या सामान्य बात या फिर मनोचिकित्सक के अनुसार यह कोई मानसिक रोग भी हो सकता है। परन्तु यदि लड़का यह समझे ही नहीं कि उसमें कोई कमी है तो एकमात्र उसकी पत्नी बनी स्त्री ही इस बात की साक्षी होती है कि उसके पति में कोई बड़ी असामान्यता है। क्योंकि एक बार सन्तान पैदा कर देने के बाद तो वह पुरुष और निश्चिन्त हो जाता है कि अब वह 'हिजड़ा' इस श्रेणी से बाहर आ गया है। जबकि उसमें स्त्री के प्रति यौनाकांक्षा होती ही नहीं। उसकी रुचि अपने पुरुष साथियों के प्रति ही रहती है। यह एक सत्य घटना के आधार पर कहा गया है। यह पुरुष किसी भी चिकित्सक के पास जाने को तैयार नहीं था। जब भी उसे यह कहा जाता था कि किसी डॉक्टर के पास जाये तो वह यह कहकर बात नहीं मानता था कि "वह पागल नहीं है।" इसका अर्थ यह है कि उस पुरुष में स्वयं भी समझ का अभाव था। वह पत्नी को तरह–तरह से तंग करता था, गला घोंटना जैसी हरकतों के लिए तैयार...। या कि वह मानसिक रोगी ही था।

इनमें 80 प्रतिशत तो पुरुष स्त्रीलिंगी होते हैं। 20 प्रतिशत स्त्रियाँ

पुरुषलिंगी होती हैं। अतः कभी–कभी पुरुषों को भी धोखा खाना पड़ता है। 2004 में एक किन्नर फेरी लगाकर कपड़े बेचता था। एक पुरुष से प्यार हो गया। 2006 में शादी हो गयी। शादी के बाद पता चला कि पत्नी किन्नर है। 30 अप्रैल को मोहननगर गाज़ियाबाद में पति ने किन्नर पत्नी की हत्या कर दी। यही अन्तर है पुरुष एवं स्त्री में। स्त्री को धोखा खाना पड़ता है तो उसका सारा जीवन नष्ट हो जाता है। कोई उसका सहारा नहीं होता। पुरुष कुछ भी कर सकता है।

ऊपर का सन्दर्भ केवल यह शिक्षा देता है कि यदि लड़का विवाह न करना चाहे तो माता–पिता को ज़ोर नहीं देना चाहिए। सन्तान की शिक्षा का प्रबन्ध करना, उसे अपने पैरों पर खड़ा करना माता–पिता का कर्तव्य बनता है। उसके बाद सन्तान को स्वतन्त्र छोड़ दिया जाना चाहिए अपना जीवन जीने के लिए। विवाह के लिए यदि सन्तान चाहे तो माता–पिता सहयोग दें, सहायक बनें । यदि विवाह के लिए लड़के–लड़कियों को पश्चिमी सभ्यता की तरह स्वतन्त्रता दे दी जायेगी तो विवाह से जुड़ी बहुत सारी ग़लत परम्पराएँ अपने आप ही किनारे लगती चली जायेंगी। न दहेज, न कन्यादान, न क़र्ज़ा और न ही धन का अपव्यय व प्रदर्शन और सबसे महत्त्वपूर्ण बात कि कई लड़कियों का जीवन नष्ट होने से बच जायेगा। जिनको विवाह के लिए अयोग्य लड़कों के साथ परिणय–सूत्र में बाँध दिया जाता है। ऐसे पुरुष भी समाज में अपमानित होने से बच जायेंगे।

इन समलैंगिकों में से ही कुछ व्यक्ति साधु भी बन जाते हैं। यदि मैं यह कहूँ कि ऐसे बहुत से साधु हो जाते हैं, जो या तो समलैंगिक होते हैं या जिन्हें यह लगता है कि वो विवाह के योग्य नहीं हैं। यह एक अच्छा रास्ता इस अर्थ में है कि माता–पिता के लिए भी भारत में यह गर्व की बात होती है कि उनका बच्चा साधु है। परन्तु यौनाकांक्षा तो ख़त्म नहीं हो जाती केवल साधुओं के वस्त्र और साधुओं का जीवन अपनाने से। कुछ लोग अपनी इसी दुर्बलता के सन्देह में शादी न करके समाज के कार्यों में लगते भी दिखाई देते हैं। इन सभी को इससे यह लाभ मिल जाता है कि इनके आसपास बहुत से लोग इकट्ठे हो जाते हैं और फिर इन्हें अपनी यौनाकांक्षा को पूरा करने में मुश्किल नहीं आती। ऐसे लोग प्रायः कई प्रकार से अपनी यौन पिपासा को शान्त करने की कोशिश करते हैं। धन की आसानी से उपलब्धि इनके लिए अन्य स्तरों पर भी लाभकारी बन जाती है। लेकिन मानसिक भटकाव इन्हें परेशान करता ही है।

असल में होता यह है कि जब उम्र छोटी यानी 20 से 35–40 तक की होती है, तब तक तो इनमें ऊर्जा भरपूर होती है। उत्साह भी होता है कार्य करने का। अपने पर नियन्त्रण रखने की शक्ति भी रहती है। पर जैसे–जैसे उम्र बढ़ती है 40 से ऊपर 50 के आसपास, इनकी ऊर्जा कम होने लगती है और तब ये लोग अपनी इच्छाओं को क़ाबू में नहीं कर पाते। इतने वर्षों में ये लोगों में अपना प्रभाव भी जमा लेते हैं। जनता का विश्वास प्राप्त हो जाता है अतः अवसरों की कमी नहीं रहती।

यह समस्या भी समाज में यौन–सम्बन्धों पर नियन्त्रण से ही उपजी है। यदि समाज की सोच इस विषय में खुल जाये; परस्पर सहमति से यौन–सम्बन्ध स्थापित करना अपराध की श्रेणी में न गिना जाये तो इससे धोखाधड़ी; दुराचार, बाल शोषण, महिला शोषण में निश्चित रूप से कमी आयेगी।

भारत में आज भी लगभग 80 प्रतिशत जनता यौन (सेक्स) पूर्ति को घृणा एवं अपराध की दृष्टि से देखती है, विशेष रूप से महिलाएँ। अजीब बात है कि जीवन की और तृष्णाएँ, मसलन बड़े–बड़े भवनों में रहने की इच्छा, गहनों से लदे रहना, बड़ी–बड़ी कारों में चलने की चाह, ऐश्वर्य के सारे साधन खड़े करने की आकांक्षा, एक से एक लज़ीज़ व्यंजन चाहे वो हानिप्रद ही हों–खाने का लोभ–इन्हें तो सम्मान मिलता है परन्तु पति–पत्नी के बीच के यौन व्यवहार तक के लिए ज़्यादातर महिलाओं के मन में अपवित्रता, घृणा का भाव रहता है। मज़ेदार सवाल यह भी है कि शादी क्यों की जाती है। ख़ूब शोर–शराबा करके, उत्सव मनाकर लड़की एवं लड़के को यह इजाज़त दी जाती है कि अब तुम दोनों सेक्स सम्बन्ध के लिए स्वतन्त्र किये जाते हो। बाक़ी सारी सुविधाएँ, ज़रूरतें तो बिना शादी के भी पूरी हो जाती है। केवल इतना ही तो फ़र्क़ है कि शादी यौन सम्बन्ध स्थापित करने के लिए प्रमाण–पत्र देने जैसा है। सजना–सजाना, ढोल–नगाड़े बजाकर उत्सव को सम्पन्न करना केवल यौन आकांक्षा की पूर्ति के लिए ही तो है और उसी के विषय में बात करना अश्लील माना जाता है। इसी यौन–सम्बन्ध को घृणा की दृष्टि से देखा जाता है। पुरुष भी महिला की यौन इच्छा का आदर नहीं करते, बस अपनी इच्छा की पूर्ति हो जाये। इससे भी कई स्तर पर विसंगतियाँ पैदा होती हैं। चोरी–छुपे यौन–सम्बन्ध बनाये जाते हैं। बाल–शोषण होता है।

पश्चिम के अनेक देशों–अमेरिका, यूरोप, ऑस्ट्रेलिया, कोरिया आदि

में किन्नरों, ट्रांसजेंडर्स पर शोध भी शुरू हुआ और वहाँ के लोगों में जागृति भी आयी। 20वीं शताब्दी के उत्तरार्द्ध से ही लेस्बियन्स, गे, बायोसेक्सुअलस एवं ट्रांसजेंडर्स (एलजीबीटी) ने आगे बढ़कर अपने मानव अधिकारों के लिए खुलकर बोलना शुरू किया, जिसके परिणामस्वरूप दुनिया के क़रीब 120 देशों ने इसे मान्यता दी है। 70 देशों में आज भी समलैंगिकता एक अपराध मानी जाती है। आज भी 13 देशों में समलैंगिकता पर सज़ा–ए–मौत का प्रावधान है। इनमें सूडान, ईरान, सऊदी अरबिया, यमन, अफ़गानिस्तान कतर आदि हैं। 1989 में डेनमार्क पहला देश था, जहाँ समलैंगिकता को क़ानूनी मान्यता दी गयी एवं विवाह भी वैध माना गया। 1996 में नार्वे, स्वीडन, आइसलैंड, फिनलैंड ने इसे वैध करार दिया। 2000 में नीदरलैंड् में समलैंगिक शादी को पूर्ण विवाह माना गया।

2003 में बेल्जियम, 2004 में न्यूजीलैंड, 2005 में स्पेन, कनाडा और दक्षिण अफ्रीका ने भी स्वीकार किया। 2007 में नेपाल में भी सर्वोच्च न्यायालय ने उन क़ानूनों को ख़त्म किया, जो समलैंगिकों में भेदभाव करते थे।

यहाँ तलाक़ तथा बच्चा गोद लेना मान्य हुआ। आज लगभग 20,000 समलैंगिक जोड़ों ने विवाह किया है। (पंजाब केसरी)

इन्हें सब अधिकार मिल गये हैं। इनका जीवन सामान्य स्त्री–पुरुषों जैसा ही हो गया है। आज चिकित्सा जगत् ने बहुत प्रगति कर ली है। हार्मोन एवं शल्य चिकित्सा ने इनके जीवन को और आसान बना दिया है। वहाँ कई संस्थाएँ भी स्थापित हुई हैं।

केट बोर्स्टेन नामक जूडो अमेरिकन ट्रांसजेंडर लेखिका का 1955 में एक लड़के के रूप में ही जन्म हुआ था। 1986 में उन्होंने लिंग परिवर्तन (gender reassignment) ऑपरेशन करवा लिया। यह और बात है कि इसके बाद भी उनका मन बेचैन ही रहा। क्योंकि वह पुरुष से स्त्री तो बन गयीं, परन्तु उसका यह अहसास बना रहा कि वह स्त्री भी नहीं हैं। उन्होंने लिखना शुरू किया और लिंग एवं लैंगिक यौनभावना को लेकर बहुत सारी किताबें लिखीं। अपनी एक किताब के लिए तो यह विश्व–भर में प्रसिद्ध हो गयीं, जिसमें इन्होंने 101 आत्महत्या के तरीक़े बताये हैं।

इसी प्रकार स्टीफ़न नामक ट्रांसजेंडर ने एक लड़की के रूप में जन्म लिया। बचपन में यह लड़की बीमार चलती रही। किशोरावस्था तक

पहुँचते–पहुँचते इस लड़की को कुछ अलग अनुभव होने लगे। इसकी दाढ़ी आ गयी। छाती पर बाल भी थे। लड़कियों की तरफ़ यौन आकर्षण बढ़ गया। अन्त में इसने 20 वर्ष की आयु में अपना लिंग परिवर्तन करवा लिया और पुरुष बन गया। 2004 में जेंडर रिकग्निशन बिल पास होने पर इसकी पार्टनर और यह दोनों पति–पत्नी बन गये।

इसने 70 के दशक में ही मैनचेस्टर ट्रांससेक्सुअल ग्रुप की स्थापना की। यूके का एफ.टी.एम नेटवर्क बनाया। 1992 में यद्यपि यह ब्रिटिश पार्लियामेंट में बिल पास नहीं करा पाये किन्तु आज तक एक उपेक्षित विषय–'ट्रांसजेंडर्स और उनकी परिस्थिति' पर एक लम्बी चर्चा ज़रूर हो गयी।

इन पति–पत्नी ने कृत्रिम गर्भधारण से चार बच्चे भी पैदा किये। स्टीफ़न को इन बच्चों का क़ानूनी पिता बनने के लिए लम्बी लड़ाई लड़नी पड़ी। आज भी यह केस ट्रांसजेंडर्स के अभिभावक बनने के अधिकारों के लिए मील का पत्थर है। स्टीफ़न ने भी इस विषय पर कई पुस्तकें लिखी हैं। एक शोध कार्य भी किया है, जिसके आधार पर 'कमीशन फॉर इक्वैलिटीज़ एंड ह्यूमन राइट्स में ट्रांसजेंडर्स को सम्मिलित किया गया। इन्हें अपने कार्यों के लिए कई पुरस्कार मिल चुके हैं।

2006 में 'बिटवीन द लाइन्स' नामक फ़िल्म भारतीय किन्नरों के जीवन पर बनी। इसके दूसरे हिस्से में लक्ष्मी ने प्रमुख भूमिका निभायी स्विट्ज़रलैंड के लोकार्नो फ़िल्म फेस्टिवल में इसका प्रीमियर हुआ। 2007 में नीदरलैंड्स ट्रांसजेंडर फ़िल्म फेस्टिवल एम्स्टर्डम में आयोजित हुआ। एम्स्टर्डम में ही तैवान विश्वविद्यालय में सेंटर ऑफ़ स्टडीज़ फॉर सेक्सुअलिटीज़ की समन्वयक जोसेफाइन हू थीं, जिन्हें समलैंगिकों के अधिकारों के लिए लड़ने वाले एलजीबीटी आन्दोलन की गॉडमदर माना जाता है। एम्स्टर्डम के लोग बहुत खुले विचारों के हैं। वहाँ लोग इन्सानियत को महत्त्व देते हैं।

कनाडा में एक भारतीय मूल–ट्रांसजेंडर एक्टिविस्ट के अनुसार विदेशों में इन किन्नरों के लिए समाज में जीवन जीने के लिए आकाश कुछ खुला है । इसका नाम यास्मीन है। उसके जीवन स्तर एवं भारतीय किन्नरों के जीवन स्तर में बहुत बड़ा अन्तर दिखा। यद्यपि 'मैं लक्ष्मी...' में लक्ष्मी ने बताया कि भारतीय समाज तो वहाँ भी इनकी ज़िन्दगी में फोड़े की तरह काम करने की कोशिश करता है। परिवारवाले ही नहीं अपनाते

तो औरों की बात क्या की जाये? नौकरियों में भी परेशानी आती है, जहाँ लोग यह जानते हैं कि लिंग परिवर्तन कराया है। वहाँ भी ताने सुनने पड़ते हैं, उपेक्षा होती है, दोस्त नहीं बन पाते।

अमेरिका में न्यूयॉर्क के पास एक गाँव है ग्रीनविच विलेज। एलजीबीटी के अधिकारों के लिए संघर्ष की शुरूआत करने वाले 'स्टोनवॉल रायट्स' इसी गाँव के हैं। इस आन्दोलन में कुछ लोगों की जानें भी गयीं। उनका स्मारक इसी गाँव में है। इसे एलजीबीटी का 'मक्का' माना जाता है। स्टोनवॉल इन एक रेस्टोरेंट था ग्रीनविच गाँव में। इस गाँव में बहुत से गे, लेस्बियन्स, ड्रैगक्वीन्स रहते थे। 1969 में एक दिन पुलिस ने रेस्टोरेंट पर छापा मारा। लोगों ने विरोध किया। पुलिस मान नहीं रही थी। भीड़ बढ़ती गयी और इसने एक आन्दोलन का रूप ले लिया। समलैंगिक लोगों के समूह निकलते थे और पुलिस उन पर गोलियाँ बरसाती थी। इसमें बहुत से गे, लेस्बियन्स मारे भी गये। 1970 में लॉस एंजेल्स, न्यूयॉर्क, शिकागो जैसे शहरों में 'गे प्राइड मार्च' निकाले गये और फिर सरकारी तौर पर इन्हें अधिकार मिले। आज अमेरिका में सरकारी कार्यालयों, मल्टीनेशनल कम्पनियों में ट्रांसजेंडर्स काम कर रहे हैं। कई तो ऊँचे–ऊँचे पदों पर हैं। 40 वर्ष तक लड़ने के बाद उन्हें यह अधिकार मिला। पर आज ये लोग सम्मानपूर्वक जीवन जी रहे हैं।

मलेशिया में कार्तिनी स्लामा नाम का ट्रांसजेंडर है। यह पहला ट्रांसजेंडर हैं, जिसने एक मुस्लिम देश में अपनी लैंगिकता को खुलकर सामने रखा। यहाँ समलैंगिक सम्बन्ध क़ानूनी तौर पर अपराध हैं। लिंग परिवर्तन का अधिकार नहीं है। यह 1977–78 की बात है। आज भी वहाँ यह अधिकार मुसलमानों को नहीं मिला है। कार्तिनी का कहना है कि 'प्रत्येक व्यक्ति को अधिकार है कि वह जिस भी लिंग में चाहे अपना जीवन जिये।' परन्तु इस्लाम कहता है कि 'जो खुदा ने दिया है उसे बदलना नहीं चाहिए।' मलेशिया में ट्रांसजेंडर्स मुस्लिम एवं ग़ैर–मुस्लिमों का प्रतिशत आधा–आधा है। 2009 में कार्तिनी ने 'एशिया पैसिफ़िक ट्रांसजेंडर्स नेटवर्क' की स्थापना की। इस नेटवर्क में सिंगापुर, थाइलैंड, मलेशिया, भारत, पाकिस्तान, बांग्लादेश, नेपाल आदि पैसिफ़िक एवं एशियाई देशों के लोगों को जोड़ा है।

यह संस्था ट्रांसजेंडर्स के स्वास्थ्य, सामाजिक एवं क़ानूनी अधिकारों को दिलाने का प्रयास कर रही है। पहले ट्रांसजेंडर्स का अर्थ केवल

एमएसएम (MSM-Male Sex female) तक ही माना जाता था। इस संस्था के द्वारा यह कहने का प्रयास किया गया कि ये पुरुष नहीं है। पुरुषों से भिन्न हैं और इनकी ज़रूरतें भी अलग हैं।

इंटरनेशनल ट्रांसजेंडर्स कांग्रेस का आयोजन बार्सिलोना में हुआ। इसमें वैश्विक स्तर पर अलग–अलग देशों के ट्रांसजेंडर्स के सन्दर्भ में नीति–निर्धारण किया जाता है। भारतीय ट्रांसजेंडर लक्ष्मी ने भी इसमें भाग लिया। वियना की अन्तरराष्ट्रीय एड कॉन्फ्रेंस का उद्घाटन लक्ष्मी से करवाया गया।

उपर्युक्त उदाहरणों से यह अच्छी तरह समझा जा सकता है कि अनेक पश्चिमी देशों में आज यह हिजड़ा समुदाय सामान्य स्त्री–पुरुषों की तरह अपने अधिकारों का उपभोग कर रहा है। वहाँ के समाज ने भी इन्हें स्वीकार कर लिया है। किन्तु एशिया प्रशान्त महासागर के देशों में आज भी इनके लिए बहुत काम करने की आवश्यकता है।

भारत तो इस दृष्टि से अभी बहुत पीछे है। आज भी भारत में हिजड़ा समाज की स्थिति अत्यन्त दयनीय ही है। कुछ लोगों का विचार है कि भारत की जाति–व्यवस्था इसका कारण है। परन्तु यह सोच ग़लत है। जाति व्यवस्था तो बहुत पुराने समय से चलती रही है। पर जैसा कि पीछे कहा जा चुका है–हिजड़ों की ख़राब स्थिति का कारण सीधे–सीधे ब्रिटिश शासन को माना जाना चाहिए। क्योंकि उससे पहले के भारतीय साहित्य में कहीं हिजड़ों के पृथक समाज का उल्लेख नहीं मिलता। 'मैं हिजड़ा मैं लक्ष्मी' नामक लक्ष्मीनारायण त्रिपाठी की आत्मकथा से यह तो प्रमाणित हो ही गया कि यदि माता–पिता का संरक्षण, उनका साथ मिले, माता–पिता, भाई–बहन का दृष्टिकोण सकारात्मक हो तो एक ट्रांसजेंडर व्यक्ति भी आकाश की ऊँचाइयों को छू सकता है। माता–पिता को अपनी ज़िम्मेदारी का तो निर्वाह करना चाहिए, परन्तु सन्तान की ज़िन्दगी में हस्तक्षेप न करें। वह जैसे चाहे, उसे जीने दें।

कुछ अन्य उदाहरण भी हमारे समक्ष हैं। 2012 के एक समाचार के अनुसार छत्तीसगढ़ की राजधानी रायपुर में एक अखिल भारतीय खेल प्रतियोगिता का आयोजन किन्नरों के लिए किया गया था। यहाँ किन्नरों ने अपनी क्षमता, कुशलता एवं साहस का प्रदर्शन किया। रायपुर की तत्कालीन महापौर किरणमयी नायक वहाँ उपस्थित थीं। कुछ किन्नरों ने तो मँजे हुए खिलाड़ी के तौर पर प्रदर्शन किया। ये खेल थे–कबड्डी,

खो–खो, दौड़ एवं डिस्क थ्रो। आम जनता ने भी इसमें भाग लिया। राइट टर्न वैलफेयर सोसाइटी एवं छत्तीसगढ़ मितवा संकल्प समिति के तत्वावधान में रायपुर के पुलिस परेड मैदान में इसको आयोजित किया गया था।

2016 में उज्जैन के सिंहस्थ महाकुम्भ में इसके आरम्भ होने से पूर्व ही किन्नरों ने अपने अखाड़े के लिए आवाज़ उठायी। बहुत वाद–विवाद हुआ। लेकिन बाद में अनेक अटकलों, विवादों से निकलकर यह अखाड़ा कुम्भ में शामिल कर लिया गया। उज्जैन के दशहरा मैदान से किन्नर अखाड़े की पेशवाई लक्ष्मी एवं सनातन गुरु अजयदास की अगवानी में निकाली गयी। इस अखाड़े का मुख्य उद्देश्य किन्नरों को समाज में समानता का अधिकार दिलाना है।

दो हिजड़ों शबीना एवं प्रिया द्वारा दाई वेलफेयर सोसाइटी बनाई गयी। जिसका मुख्य कार्य हिजड़ों के स्वास्थ्य की देखभाल करना है। इसी संस्था के तहत हिजड़ों को कंडोम से परिचित करवाया गया। शुरू में इसका विरोध किया गया। नायकों का कहना था कि इससे ग्राहक कम हो जायेंगे। लेकिन धीरे–धीरे सबको समझ आ गया और सबने कंडोम अपना लिए।

2006 में 'अस्तित्व' संस्था बनी। यह संस्था एचआईवी/एड्स के प्रति हिजड़ों को जागरुक करने के लिए थी। उसके साथ–साथ इसका उद्देश्य हिजड़ों को अपने अधिकारों, अपने अस्तित्व के लिए जागरूक करना भी था। अस्पतालों में हिजड़ों की बात नहीं सुनी जाती थीं, डॉक्टर ही नहीं, नर्स, वॉर्ड बॉय, दाई कोई हाथ लगाने को तैयार नहीं होता था। काफ़ी संघर्ष करने के बाद स्थिति में बदलाव आया। ऐसे ही बलात्कार हो जाये तो पुलिस नहीं सुनती थी। थाने में भी बहुत बहस, नाटक, नौटंकी करने के बाद केस दर्ज होने शुरू हुए।

लक्ष्मीनारायण त्रिपाठी की आत्मकथा से हिजड़ों के विषय में बहुत कुछ पता लगा। इन्होंने कई संस्थाएँ बनायीं। हिजड़ों को आगे लाने के लिए, उनकी भलाई के लिए लक्ष्मी जी–जान से लगी है।

2003 में आशा देवी किन्नर ने गोरखपुर से महापौर का चुनाव लड़ा। यह जीत भी गयी लेकिन कोर्ट ने स्त्री वर्ग में न गिने जाने के कारण यह पद छोड़ने को कहा। यह सीट महिलाओं के लिए आरक्षित थी। आशा देवी का कहना था कि किन्नरों का परिवार नहीं होता, बाल–बच्चे नहीं

होते, जिनके लिए नेताओं की तरह पैसा बनाने की इच्छा हो। यदि उन्हें चुना गया तो वह ईमानदारी से काम करेंगे।

2012 में किन्नर गुलशन बिन्दु अयोध्या में चुनाव में उतरा। यह पहली बार नगर निगम बने अयोध्या फ़ैज़ाबाद से समाजवादी पार्टी से प्रत्याशी बना। इसके बाद पालिका अध्यक्ष पद के लिए भी चुनाव लड़ा, लेकिन कुछ वोटों से हार गया। इसकी पहचान अयोध्या में सामाजिक कार्यकर्ता के रूप में है।

2015 में रायपुर, छत्तीसगढ़ म्युनिसिपल कॉर्पोरेशन से मधु किन्नर ने स्वतन्त्र उम्मीदवार के रूप में चुनाव लड़ा। इसने 4537 वोटों से बीजेपी उम्मीदवार को हराया। इसने एक स्त्री के रूप में यह चुनाव लड़ा था।

इस प्रकार उपेक्षा और अपमान के घूँट पीने वाले इन किन्नरों में भी अब कहीं–कहीं किसी–किसी में जागरूकता व स्वाभिमान जागा है। चिकित्सा विज्ञान के बहुत आगे बढ़ने के कारण इनके लिए रास्ते भी खुले हैं। अविकसित जननांगों एवं विरुद्ध लैंगिकता की वजह से तथा ग़रीबी, लाचारी के कारण भी इनके मन में विकृतियाँ, कुण्ठाएँ जन्म लेती हैं। जीवन अभिशाप बन जाता है। शारीरिक समस्याओं के समाधान के साथ ही समलैंगिकता को समाज में स्वीकृति मिलने से मन की गाँठें खुलेंगी। उम्मीद है कि इनकी जीवनयात्रा सरल होगी, इनका भविष्य भी सुधरेगा। ये भी सामान्य मानव का जीवन जी सकेंगे।

आम आदमी इनकी भावनाओं, आकांक्षाओं एवं विवशता की न तो कल्पना कर सकता है, न ही उसके लिए यह सब समझना आसान है। संचार के साधनों के उपयोग द्वारा ही यह समझ विकसित हो सकती है। यदि शुरू से ही हमारी सोच में, परम्पराओं में, शैक्षिक व्यवहारों में इनकी चर्चा हो जाये तो इनके जीवन की मुश्किलें कम और आसान हो जायें। जो माता–पिता सामान्य बच्चों की तरह इनका पालन–पोषण करते हैं, इनकी कलाओं को विकसित होने का अवसर प्रदान कर देते हैं, उनकी किन्नर सन्तानें भी सामान्य सन्तानों के समान अपनी–अपनी क्षमता से अपना जीवन सँवार लेती हैं। ऐसे उदाहरण समाज में कहीं–कहीं देखने को मिल जाते हैं।

सर्वोच्च न्यायालय का फ़ैसला 6 सितम्बर 2018

जैसे ही यह किताब ख़त्म हुई और छपवाने की प्रतीक्षा कर रही थी कि घुटन एवं उमस भरी कोठरी का दरवाज़ा खुलने पर ठण्डी हवा के झोंके की तरह 6 सितम्बर 2018 को सर्वोच्च न्यायालय का धारा 377 के एक अंश पर फ़ैसला आ गया। मुख्य न्यायाधीश एवं सर्वोच्च न्यायालय के चार अन्य न्यायाधीशों सहित पाँच जजों की पीठ ने 493 पृष्ठ के अपने ऐतिहासिक फ़ैसले में उस अंश को निरस्त कर दिया, जिसमें समलैंगिकता को अपराध मानकर 14 वर्ष की जेल या उम्रक़ैद का प्रावधान था। कोर्ट ने कहा कि परस्पर सहमति से दो वयस्कों के बीच समलैंगिक (यौन सम्बन्ध–संभोग) सम्बन्ध अपराध नहीं होगा। किन्तु बच्चों एवं पशुओं से यह सम्बन्ध पहले की तरह ही अपराध की श्रेणी में रहेगा।

न्यायाधीशों ने धारा 377 के इस भाग को मनमाना, तर्कहीन, अधोगामी एवं असम्मत करार देते हुए कहा कि समलैंगिक यौन रुझान जैविक एवं मस्तिष्क–तन्त्रीय है, जो प्राकृतिक है। इस आधार पर यह प्रावधान संविधान के अनुच्छेद 14 में प्रदत्त समता के अधिकार का उल्लंघन है।

कोर्ट ने यह भी स्पष्ट किया कि धारा 377 के तहत सज़ा पाये व्यक्ति केस को फिर से खुलवा नहीं पायेंगे। लेकिन लम्बित मामलों में इस निर्णय का पूरा प्रभाव रहेगा। यह फ़ैसला समलैंगिकों को विवाह की अनुमति नहीं देता और न ही इसका असर उत्तराधिकार एवं गोद लेने के क़ानून पर होगा।

कोई समुदाय कितना भी छोटा क्यों न हो, उसको अपने मूल अधिकारों से वंचित नहीं किया जा सकता। सामाजिक नैतिकता संवैधानिक नैतिकता से ऊपर नहीं हो सकती। सामाजिक नैतिकता के आधार पर किसी भी व्यक्ति के मौलिक अधिकारों को दबाया नहीं जा सकता। यौन आकर्षण स्वाभाविक व्यवहार है। किसी भी पुरुष या महिला

या इन्सान का इस पर नियन्त्रण नहीं है कि वह किसकी ओर आकर्षित होगा। इसमें किसी तरह का दमन करना अभिव्यक्ति के अधिकार का उल्लंघन है। समलैंगिकों को भी सम्मान से जीने का हक़ है। उनके साथ भी दूसरों की तरह ही व्यवहार किया जाना चाहिए।

आई.पी.सी. की इस धारा के कारण एलजीबीटीक्यू (Lesbians, Gay, Bisexuals, Transgenders, Queers) समुदाय के सदस्यों को छुपकर दूसरे दर्जे के नागरिकों के रूप में जीने को मजबूर होना पड़ा। एकान्त में परस्पर सहमति से यौनकृत्य का सम्बन्ध न तो नुकसानदेह है और न ही समाज के लिए संक्रामक है। इस समुदाय के लोग अब तक ख़तरे के साये में जी रहे हैं। सांस्कृतिक नैतिकता के नाम पर उन्हें उनके मूल अधिकारों से वंचित किया गया है। समलैंगिकता मानसिक विकार भी नहीं है। यह एक पूर्ण स्वाभाविक अवस्था है। भारत संवैधानिक नैतिकता को सामाजिक एवं बहुसंख्यकों की नैतिकता से ऊपर मानता है। यही इसकी पहचान होनी चाहिए। अलग–अलग परन्तु परस्पर सहमत निर्णय से कोर्ट ने 2013 के पाँच वर्ष पूर्व के अपने फ़ैसले को उलट दिया। कोर्ट का कहना है कि यह प्रावधान एलजीबीटीक्यू को परेशान करने के हथियार के रूप में प्रयुक्त हो रहा था। इससे इन इन्सानों का बहिष्कार किया जा रहा था। न्यायाधीशों ने यह भी कहा कि भारतीय संविधान एक गतिशील संविधान है। साथ ही एलजीबीटीक्यू समुदाय केवल मानव संख्याओं को ही नहीं बढ़ाता, अपितु उसमें भी माँ, भाई, बहिन, चाचा, मामा आदि हैं। सभी जजों ने कहा कि यह क़ानून व्यक्ति की अन्तरंगता के निर्णय के क्षेत्र का अतिक्रमण करता था। साथी का चुनाव, व्यक्तिगत अन्तरंगता, प्यार पाने की चाह और मानवीय सम्बन्धों में उसकी इच्छापूर्ति की आकांक्षा सार्वभौमिक वृत्ति है। राज्य को इसमें हस्तक्षेप नहीं करना चाहिए। सामाजिक अवधारणाएँ व्यक्ति की यौनेच्छा पूर्ति की स्वतन्त्रता को नियमित नहीं कर सकती।

एक समाज स्वतन्त्र समाज तभी कहा जा सकता है जब व्यक्तिगत पहचान व यौन स्वतन्त्रता की सुरक्षा होगी और नागरिकों को सामाजिक बहिष्कारों के बिना अभिव्यक्ति की स्वतन्त्रता मिलेगी। नागरिक सामाजिक बहिष्कार, व्यक्तिगत एकान्त और समाज की मुख्यधारा से कटाव के बन्धनों से छूटेगा और अपने व्यक्तित्व का पूर्ण विकास करने के लिए स्वतन्त्र होगा तभी हम वास्तव में एक स्वतन्त्र समाज कहलायेंगे। ये सभी समानता के अर्थ को समझते हैं।

मुख्य न्यायाधीश दीपक मिश्रा ने जर्मन महाकवि गेटे के वाक्य–"मैं जो हूँ वह ही हूँ, मुझे ऐसा ही समझें, जैसा मैं हूँ।" का उल्लेख करते हुए कहा कि यह वाक्य मनुष्य की दूसरों के द्वारा स्वीकार्यता एवं प्यार की प्यास को बहुत स्पष्टता से अभिव्यक्ति देता है। उन्होंने जर्मन दार्शनिक शॉपे नहॉवर के विचारों का उल्लेख करते हुए कहा कि व्यक्ति के अपनी निजता को विकसित करने के अधिकार पर सामाजिक अनुपालन की माँग हावी नहीं होनी चाहिए। मुख्य न्यायाधीश ने कहा कि यौन–सम्बन्ध का उद्देश्य सन्तानोत्पत्ति माना जाता रहा है, किन्तु आधुनिक समय में विवाह या यौन–सम्बन्ध के उद्देश्य बदल गये हैं। अब लोग साथ रहना चाहते हैं, भावनात्मक सहारा चाहते हैं। यौन सम्बन्धों को अप्राकृतिक नहीं कहा जा सकता। जज डी.वाई. चन्द्रचूड़ ने सबसे लम्बा 181 पृष्ठ का फ़ैसला लिखा। उन्होंने कहा कि यह अजीब बात है कि स्वतन्त्रता के सात दशक बीत जाने पर भी एलजीबीटीक्यू समुदाय को सही अर्थों में नागरिकता नहीं मिल पायी। क़ानून ने उन पर पुरावशेष नागरिकता थोप रखी थी। उन्हें भी संवैधानिक नैतिकता के बराबर का भागीदार बनना ही चाहिए। ऐतिहासिक ग़लती को तो ठीक करना असम्भव है, परन्तु भविष्य में इसे सुधार सकते हैं और हम यही कर रहे हैं। उन्होंने विशेष रूप से कहा कि संवैधानिक नैतिकता उस प्रत्येक क़ानून से ऊपर है, जो किसी समुदाय को पूर्ण नागरिकता के अधिकार से वंचित करता है। चन्द्रचूड़ ने लियोना. र्ड कोहेन की कविता डेमोक्रेसी की पंक्तियाँ उद्धृत कीं। Democracy, its coming through a hole in the air from the fires of the homeless, from the ashes of the gay Democracy is coming. इन्होंने कहा कि यह अंश नैतिक मूल्यों पर आधारित धारा 377 एवं संवैधानिक नैतिकता के बीच में खाई बनाने वाला प्रावधान है। इस फ़ैसले ने कोठरी में बन्द व्यक्तिगत यौनपूर्ति के अधिकारों के लिए दरवाज़े खोल दिये हैं।

महिला जज इन्दु मल्होत्रा ने कहा कि सदियों तक बदनामी और बहिष्कार झेलने वाले इस समुदाय के सदस्यों और उनके परिवारों को राहत देने में देरी को इतिहास के पन्नों में खेदपूर्वक दर्ज किया जाना चाहिए। संविधान का 19.1 अनुच्छेद प्रत्येक नागरिक को अभिव्यक्ति की आज़ादी देता है और अनुच्छेद 19.2 में इस अधिकार पर प्रतिबन्ध लगाया गया। क़ानून और उत्पीड़न के डर से एलजीबीटीक्यू समुदाय को छिप कर रहना पड़ रहा है। समलैंगिकता सेक्स करने के तरीक़ों का एक

स्वाभाविक हिस्सा है। इन लोगों को अपराध–बोध से मुक्त होकर जीने का अधिकार है। बहुसंख्यक समाज के इस अज्ञानवश कि समलैंगिकता एक अस्वाभाविक स्थिति है–एलजीबीटीक्यू समुदाय को डर–डरकर जीना पड़ा है।

ए.एम. खानविलकर ने कहा कि प्रत्येक नागरिक के सम्मान की रक्षा करना संवैधानिक अदालत का दायित्व है। सम्मान हर व्यक्ति का अखण्डित तत्त्व है। वहीं जज आर.एफ. नरीमन ने 96 पृष्ठ के अपने फ़ैसले में ऑस्कर वाइल्ड और लॉर्ड अल्फ्रेड डगलस के विक्टोरियन युग में मिले मानसिक आघात का वर्णन किया। इसे डगलस ने बाद में अपनी एक कविता टू लव्स (Two Loves) में अभिव्यक्त किया है–The love that are not to speak its name, is how the love that exists between same sex couples. (पीछे बताया जा चुका है कि ऑस्कर वाइल्ड को समलैंगिकता के लिए जेल जाना पड़ा था।)

नरीमन ने कहा कि सामाजिक नैतिकता के आधार पर किसी भी स्थापना पर संवैधानिक नैतिकता ऊपर रहती है। इन्होंने सुझाव देते हुए कहा कि सरकार को इस फ़ैसले के तहत अपने अधिकारियों को संवेदनशीलता के निर्देश देने होंगे। विशेष रूप से पुलिस बल को। साथ ही इस फ़ैसले का हर स्तर पर अनेक प्रकार से बार–बार जनता के बीच प्रचारित करना चाहिए। पुलिस एवं सरकारी मशीनरी को एलजीबीटीक्यू समुदाय के प्रति संवेदनशील बनाने के निरन्तर प्रयास करने होंगे।

यह फ़ैसला भारतीय संविधान की गतिशीलता को रेखांकित करता है। सर्वोच्च न्यायालय ने यह भी दिखा दिया कि वह न केवल भारतीयों की सब प्रकार से सुरक्षा प्रदान करने वाली संस्था है, बल्कि यह अपने अन्दर झाँकने वाली, अपना मूल्यांकन करने वाली भी है।

संविधान की ड्राफ्टिंग कमेटी के अध्यक्ष डॉ. भीमराव अम्बेडकर संविधान के इस गुण को पहचानते थे कि यह समय–समय पर अपने में सुधार कर सकता है। उन्होंने इस बात को संविधान की आत्मा कहा था।

सर्वोच्च न्यायालय का निर्णय भारतीय न्याय व्यवस्था को आधुनिक मूल्यों से जोड़ता है जिनके अनुसार लोगों को रूढ़िवादी मान्यताओं, धारणाओं, परम्पराओं के कारण कटघरे में खड़ा करना ग़लत माना जाता है।

इतिहास

सन् 1861 में ब्रिटिश सरकार ने यह धारा भारत में लागू की थी। 2001 में नापा फाउंडेशन ने हाईकोर्ट में याचिका दायर कर समलैंगिक सम्बन्धों की वैधता की माँग की थी।

2009 में दिल्ली उच्च न्यायालय ने धारा 377 के समलैंगिकता को अपराध मानने वाली 19.2 प्रावधान को ख़ारिज कर दिया। कुछ धार्मिक संगठनों ने इस फ़ैसले को न्यायालय में चुनौती दी। 2013 में सर्वोच्च न्यायालय ने दिल्ली उच्च न्यायालय के इस फ़ैसले को पलट दिया। 2014 में केन्द्र ने कोर्ट से इस धारा पर पुनर्विचार की माँग की किन्तु कोर्ट ने इसे नहीं माना।

अरुण जेटली, पी. चिदम्बरम, शशि थरूर एवं तथागत सत्पथी ने सर्वोच्च न्यायालय के इस निर्णय की आलोचना की, जिसमें दिल्ली उच्च न्यायालय के फ़ैसले को बदला गया था। इस निर्णय से देश में एलजीबीटीक्यू को लेकर एक विमर्श शुरू हो गया। लगभग 35 एलजीबीटी कार्यकर्ता सुप्रीम कोर्ट गये और इस सम्दर्भ में पुनर्विचार याचिकाएँ दर्ज कीं। ये याचिकाएँ संविधानपीठ को सौंप दी गयीं। इनमें पाँच प्रमुख याचिकाकर्ता थे–'नवतेज सिंह जौहर'–भरतनाट्यम, संगीत, नाटक, नर्तक अकादमी से पुरस्कृत। सुनील मेहरा–पत्रकार, अभिनेता, निर्देशक, निर्माता एवं लेखक; रितु डालमिया–शेफ, डीवा रेस्टोरेंट चेन की मालकिन; अमन नाथ–कवि, इतिहास एवं कला पर पुस्तकों के लेखक; अमन नीमराना होटल के मालिक; आयशा कपूर–'ब्लैक' फ़िल्म से अपने अभिनय के लिए प्रसिद्ध हुई। 2018 में ललित सूरी, हॉस्पिटैलिटी ग्रुप के एक्ज़ीक्यूटिव डायरेक्टर केशव सूरी ने याचिका दायर की। जून 2016 में अमेरिका के फ्लोरिडा में एक नाइट क्लब में फायरिंग के दौरान 49 व्यक्ति मारे गये, जिनमें ज़्यादातर समलैंगिक ही थे। इस घटना से आहत होकर इन्होंने समलैंगि.कों के साथ भेदभाव के ख़िलाफ़ आवाज़ बुलन्द करनी शुरू की। इन्होंने अपने बारे में परिवार को बताया तो परिवारवालों ने उनसे दूरी बना ली। लखनऊ में भरोसा नाम से ग़ैर–सरकारी संगठन के संस्थापक आरिफ़ ज़फ़र भी हैं, इन्हें धारा 377 के तहत 47 दिन जेल में रहना पड़ा, जहाँ इनका ख़ूब उत्पीड़न हुआ। सामाजिक रूप से भी अपमानित किया गया।

यह इन सबका साहस ही था कि याचिका डालकर इन्होंने अपनी आपराधिकता घोषित कर दी। इसने इनके व्यवसाय, इनके सम्मान को

ख़तरे में डाल दिया था। क्योंकि इन्हें अपनी कहानी कोर्ट में सुनानी थी। इनमें से कई लोग आईआईटी से निकले तकनीकी विशेषज्ञ हैं। ये आपस में इतना प्यार करते थे कि किसी भी प्रकार की बदनामी से नहीं डरे। इन जैसे और भी कुछ डॉक्टर, इंजीनियर प्रोफ़ेसर, शोधछात्र हो सकते हैं, जो भय में जी रहे होंगे।

2013 में जब दिल्ली उच्च न्यायालय के फ़ैसले पर सुनवाई हो रही थी तो उस समय के एडीशनल सॉलीसिटर जनरल पी.पी. मल्होत्रा ने, जो सरकार का प्रतिनिधित्व कर रहे थे, कहा कि समलैंगिकता का अपराध से बाहर होना–अनैतिक, घृणित एवं व्यभिचार को बढ़ाने वाला होगा। गृह मन्त्रालय ने कहा कि इसे अनैतिकता के परिप्रेक्ष्य से अनदेखा नहीं किया जाना चाहिए। स्वास्थ्य मन्त्रालय ने कहा कि समलैंगिकता एचआईवी/एड्स से लड़ने में बाधक बनती है।

6 सितम्बर 2018 के सर्वोच्च न्यायालय के इस निर्णय के बाद सभी संचार माध्यमों ने इसका स्वागत किया। हिन्दी एवं अंग्रेज़ी के कुछ समाचार पत्रों ने अपनी–अपनी प्रतिक्रियाएँ कुछ इस प्रकार से दीं–

टाइम्स ऑफ़ इण्डिया–6 सितम्बर दोपहर 12 बजे भारत ने इक्कीसवीं सदी में प्रवेश कर लिया। सर्वोच्च न्यायालय ने विक्टोरिया युग के उस 158 वर्ष पुराने पैशाचिक क़ानून को कूड़े के डिब्बे में डाल कर एलजीबीटीक्यू समुदाय के लिए एक नया स्वतन्त्रता गीत लिख दिया। जेल जाने का डर ख़त्म हुआ। आप जैसे हैं, वैसे ही रहने की आज़ादी मिल गयी।

जनसत्ता–समलैंगिकता को स्वीकृति देकर एक तरह से समाज के संकीर्ण नज़रिये को बदलने की दिशा में एक सराहनीय क़दम उठाया है। जिस क़ानून से मानवीय अधिकारों का हनन होता हो, उसे सिर्फ़ समाज के कुछ लोगों के नज़रिये के आधार पर बनाये रखना अनुचित है।

द हिन्दू–सर्वोच्च न्यायालय ने लोकतन्त्र को और सुदृढ़ बनाने का रास्ता दिखाया है। यह क़ानून एलजीबीटीक्यू समुदाय की गरिमा, समानता, निजता और अभिव्यक्ति की स्वतन्त्रता का उल्लंघन करता था।

वॉशिंगटन पोस्ट–यह फ़ैसला दुनिया के सबसे बड़े लोकतन्त्र में लैंगिक अधिकारों की शानदार विजय है। इससे दुनिया–भर में चल रही समलैंगिकता की लड़ाई को बल मिलेगा। यह निर्णय भारत में तेज़ी से बदलते हुए समाजिक वातावरण को दर्शाता है।

हिन्दुस्तान टाइम्स–6 सितम्बर समानता की लड़ाई के लिए ऐतिहासिक महत्व का दिन हो गया है। परिवारों का गौरव बढ़ गया, एलजीबीटीक्यू एक वर्ग के रूप में स्वीकृत हो गया। सर्वोच्च न्यायालय ने जो किया है, उसके लिए न्यायाधीश बधाई के पात्र हैं। वर्ना समलैंगिकता के अपराध की श्रेणी में रहने के भयंकर दुष्परिणाम व्यक्ति एवं राष्ट्र दोनों को ही भोगने पड़ते हैं।

संयुक्त राष्ट्र संघ ने भी अपनी प्रतिक्रिया देते हुए कहा कि यह निर्णय एलजीबीटीक्यू समुदाय को समान अधिकार देने और उनके प्रति भेदभाव को समाप्त करने के प्रयासों को बढ़ावा देगा। यौन अभिविन्यास (to keep in a proper place) और लिंग अभिव्यक्ति दुनिया–भर में व्यक्ति की पहचान का अभिन्न हिस्सा होना चाहिए। हिंसा, कलंक और भेदभाव मानवाधिकारों का एक गम्भीर उल्लंघन है।

विश्व बैंक ने सर्वेक्षण में कहा था कि पारिवारिक, सामाजिक भय से उपजे तनावों के कारण भारत को हर साल 31 बिलियन डालर ख़र्च करने पड़ते हैं। देश की उत्पादकता में कमी आती है, शिक्षा का प्रतिशत गिरता है। साथ ही स्वास्थ्य के क्षेत्र में तनाव, एड्स, आत्महत्या के प्रयास आदि ज़्यादा बढ़ते हैं। चार वर्ष पूर्व के इस आँकड़े में अब तक तो और वृद्धि हो गयी होगी।

हिन्दू महासभा ने इस फ़ैसले का विरोध किया है। इनका मत है कि यह फ़ैसला भारतीय मूल्यों और स्वभाव को नष्ट करने वाला है। देवबन्द उलेमाओं ने कहा कि यह इस्लाम और शरिया के विरुद्ध है। राष्ट्रीय स्वयंसेवक संघ ने अपनी सहमति दी है हालाँकि यह संस्था समलैंगिक विवाह का समर्थन नहीं करती। **विश्व हिन्दू परिषद** ने इसे आयातित बीमारी कहा है। सुब्रह्मण्यम स्वामी समलैंगिकता को जेनेटिक असामान्यता मानते हैं। बिहार के पूर्व मुख्यमन्त्री लालू प्रसाद यादव का कहना है कि गे सेक्स समाज पर ग़लत प्रभाव डालता है।

एलजीबीटीक्यू के लिए संघर्ष करने वाले कुछ व्यक्तियों ने भी अपने विचार रखे हैं–

मेनका गुरुस्वामी सर्वोच्च न्यायालय की वकील हैं, बी.आर. अम्बेडकर की शोध छात्रा हैं। इन्होंने बहुत सारी याचिकाएँ धारा 377 के विरोधियों की कोर्ट में दायर की हैं। अपनी ख़ुशी व्यक्त करते हुए कहा है कि इस फ़ैसले ने पीड़ा भोगने वाले एलजीबीटीक्यू समुदाय की आँखों में चमक

भर दी है, पैरों में थिरकन ला दी है। सर्वोच्च न्यायालय, संविधान एवं देश अब उनका संरक्षक है, इस विश्वास ने उनमें आत्मविश्वास भर दिया है। अब तक ये लोग दशकों से तिरस्कार एवं क़ानून के आतंक का शिकार होकर जी रहे थे। आज कोर्ट ने इस समुदाय को समानता, सुरक्षा, भेदभाव से छूट, अभिव्यक्ति की स्वतन्त्रता आदि के माध्यम से संविधान के तहत पूरे मौलिक अधिकार प्रदान कर दिये हैं।

ऋतु डालमिया पाँच प्रमुख याचिकाकर्ता लोगों में से एक हैं। यह खुद समलैंगिक हैं। लेकिन यह परेशानी तब हुई जब दो लड़कियों को गिरफ़्तार कर लिया गया और फिर गाँववालों ने उनमें से एक लड़की के साथ बलात्कार करके कहा कि इस तरह का यौनकृत्य उसे ठीक कर देगा। यह कहती हैं कि 'मैं नहीं चाहती कि हमें अल्पसंख्यक मानकर आरक्षण दिया जाये। जब याचिका पर हस्ताक्षर करने की बात आयी तो हिचक रही थी, क्योंकि कहा जा रहा था कि इससे रोज़मर्रा की ज़िन्दगी पर असर पड़ सकता है। पर फिर सोचा कि यह निजता व सम्मान का मामला है। हस्ताक्षर के बाद कुछ लोगों ने पथभ्रष्ट कहा, कुछ ने किसी आश्रम में जाने को। लेकिन बहुत सारे लोगों ने इस क़दम की प्रशंसा की।'

अभिनेता करण जौहर ने इसे ऐतिहासिक फ़ैसला कहा। बताया कि अपनी आत्मकथा में इस बारे में लिखा, लेकिन सार्वजनिक रूप से घोषणा नहीं की वर्ना एफ.आई. आर के चक्कर में पड़ जाता।

अभिनेत्री सेलिना जेटली एलजीबीटीक्यू के अधिकारों के लिए संघर्ष करती रही हैं। वह कहती हैं कि 'पिछले 15 सालों से उन्होंने हर दिन आशा की है कि किसी दिन अधिकार मिलेंगे। मानव–मानव में भेद की परम्परा बनाये रखना ग़लत है। किसी भी तरह की हिंसा किसी भी संस्कृ. ति में महत्वपूर्ण नहीं होनी चाहिए। मेरे साथियों, मित्रों व परिवार के लोगों ने बहिष्कार किया, लेकिन मुझे कोई फ़र्क़ नहीं पड़ा। मैं संघर्ष करती रही क्योंकि हज़ारों लोगों को ठीक से जीने का अधिकार नहीं मिल रहा था।' प्रसिद्ध नारीवादी 'सीताज़ कुर्स (Sita's Curse) और 'सिंगल स्टेट' ग़ैर–कथेतर कृति की लेखिका श्रीमती पियु कुण्डु एक उपन्यासकार भी हैं। उसका कहना है कि लगता नहीं कि इस फ़ैसले के बाद भी इस समुदाय का जीवन बदलेगा, जो न केवल उपेक्षित ही है बल्कि जिसके विषय में रूढियाँ बनी हुई हैं, जिसे भारतीय समाज में शर्मिन्दा और

बहिष्कृत किया जाता रहा है। वह कहती हैं कि वो ज़्यादातर यौनाकाक्षाओं और महिलाओं से जुड़ी समस्याओं पर लिखती हैं, तो लोग उनसे पूछते हैं कि वो लेस्वियन तो नहीं हैं? 2005–6 का एक क़िस्सा बयान करती हैं कि एक दिन मुम्बई में एक औरत ख़ूब वारिश में सड़क पर नाच रही थी। पूछने पर उसने बताया कि वह समलैंगिक थी। उसके माता–पिता ने यह कहकर कि उसकी इच्छा–अनिच्छा से ज़्यादा महत्वपूर्ण उसकी बहनों की शादी और परिवार की इज़्ज़त है–उसे गाँव छोड़ने के लिए कह दिया। इन्होंने कुछ प्रश्न भी उठाये हैं–क्या अब लोगों को यह अनुभव होगा कि उन्होंने अपने बच्चों से ग़लत व्यवहार किया? क्या समाज अब समलैंगिकों से पहले की तरह घृणा नहीं करेगा? क्या लोग अपने लड़कों को ओझा के पास झाड़–फूँक के लिए नहीं ले जायेंगे? क्या लोग मनोविकार चिकित्सक से अब लड़कों को इलेक्ट्रिक शौक़ नहीं लगवायेंगे? क्या लेस्बियन बेटियों की शादी ज़बर्दस्ती कराकर लड़के का जीवन कष्टकर नहीं बनायेंगे? क्या गे बेटों का एक सही लड़की से विवाह कराकर उस लड़की का जीवन ख़राब नहीं करेंगे ?

डॉ. गुरदास (गौरदास) चौधरी कहते हैं कि 'लोगों को अजीब लग रहा होगा कि मैं स्वास्थ्य के कॉलम में कैसे विषय पर लिख रहा हूँ। असल में सेक्स के विषय में भारतीय लोग माता–पिता कभी बात ही नहीं करते या खुलकर नहीं बोलते। ऐसे में जिसको जो इधर–उधर से सुनने को मिलता है, अगली पीढ़ी वही धारणाएँ बना लेती है। व्यक्ति के दूसरे व्यक्ति के प्रति सम या विषम आकर्षण को हम ग़लत और अपराध कैसे कह सकते हैं? जिनका व्यवहार आम लोगों से अलग होता है, उन्हें लोग पापी, अपराधी, बीमार समझते हैं और परिवार व समाज से निष्कासित कर देते हैं। उनके प्रति हिंसा से भी बाज नहीं आते। उन पर तरह–तरह के लाँछन लगाते हैं। अक्सर माता–पिता ही बच्चों को हिजड़ों की हँसी उड़ाने को, उनके प्रति तिरस्कार दिखाने को प्रोत्साहन देते हैं। माता–पिता बच्चों द्वारा सेक्स पर पूछे गये सवालों पर अवैज्ञानिक, भ्रम भरे जवाब दे देते हैं। जब उन्हें आगे जाकर पता लगता है तो बच्चे बहुत से सन्देहों से घिर जाते हैं।' दामिनी रत्नम् और ध्रुव ज्योति स्पष्ट करती हैं कि वैज्ञानिक मनोविकार चिकित्सक भी नहीं बता पाते कि बच्चे के निर्माण में कोई असामान्य विकृति क्यों आ जाती है। व्यक्ति का असामान्य यौन आकर्षण क्यों हो जाता है। यह कुछ जेनेटिक, कुछ हार्मोनल या कुछ सामाजिक आदि–यह

कुछ भी पूरी तरह ठीक नहीं है। यदि जीवन आराम से शान्तिपूर्वक चलता रहे तो कोई समस्या नहीं है। बच्चों को माता–पिता द्वारा सहिष्णुता से एवं हिलमिलकर रहना सिखाना चाहिए।

सामाजिक एक्टिविस्ट याचिकाकर्ता आरिफ़ जफ़र ने कहा कि ऐसा लग रहा है कि अब खुली हवा में साँस ले सकते हैं। इन्होंने 17 साल समलैंगिकता के अपराध में जेल में बिताये हैं। अन्य याचिकाकर्ताओं ने भी कहा कि यद्यपि देश ने 72वाँ स्वतन्त्रता दिवस मनाया है पर हम आज ही आज़ाद हुए हैं। अमीन अहर एचआईवी/एड्स समुदाय के निदेशक हैं, इन्होंने भी इसे पहला अनोखा स्वतन्त्रता दिवस माना।

यह फ़ैसला आने के बाद छोटे शहरों के मामले भी सामने आने लगे हैं। हरियाणा यमुनानगर से समाचार है कि एक 25 वर्ष का युवक शादी से तीन दिन पहले अपने एक दोस्त के साथ भाग गया। पुलिस में रिपोर्ट दर्ज कराई तो पुलिस ने धारा 346 के तहत केस दर्ज कर लिया।

एचआईवी/एड्स–

इस फ़ैसले ने एड्स के रोगियों के लिए चिकित्सा के दरवाज़े खोल दिये हैं। रोगियों के लिए, स्वास्थ्य के लिए काम करने वालों एवं अधिकारों की लड़ाई लड़ने वालों के लिए यह ख़ुशी की बात है। उनका मानना है कि यह इन रोगियों की गरिमा बनाये रखने वाला तथा अच्छे उपचार की आशा जगाने वाला है। पहले ये लोग बाहर आने पर उपहास के पात्र बनाये जाते थे अन्यथा ये उपचार के बिना ही रह जाते थे। अब यह डर एवं अलगाव नहीं रहेगा। परीक्षण केन्द्र से लेकर दवाई की दुकानों तक इन लोगों को प्रायः ही भेदभाव से जूझना पड़ता रहा है। ऐसे लगता था कि रोगी रहना ही इनकी नियति है। पर अब फ़ैसले के बाद से इन्हें पंजीकृत करना शुरू कर दिया गया है। टाइम्स ऑफ़ इंडिया के संवाददाता को किसी ने दिल्ली से बताया कि उसके कई साथियों को अपना प्रान्त, गाँव, घर–परिवार ही छोड़ना पड़ा। अब सुरक्षित यौन सम्बन्ध के लिए सुरक्षा, शिक्षा और समय से चिकित्सा आदि सभी सुविधाएँ मिल जायेंगी।

द हिन्दू–भारत में एचआईवी/एड्स से पीड़ित लोग लगभग 20 लाख से ऊपर हैं। 62,000 व्यक्ति एड्स से मृत्यु को प्राप्त हो चुके हैं 2016 तक। एड्स पीड़ितों में से केवल आधे लोग ही चिकित्सा का लाभ उठा पाते हैं। समलैंगिकों में एड्स फैलने का प्रतिशत 4.3 है। दक्षिण

अफ्रीका में 2016 में यह प्रतिशत 7.1 था। **राजस्थान पत्रिका** के अनुसार धारा 377 एकदम मनमाना क़ानून था। यह जानकर सबको हैरानी होगी कि 2016 में उत्तर प्रदेश में सबसे ज़्यादा 999 मामले धारा 377 के तहत दर्ज किये गये। दूसरे नम्बर पर केरल में 207 मामले आये। कर्नाटक में 8, आन्ध्र में 7, तेलंगाना में 11, तमिलनाडु में कोई मामला दर्ज नहीं हुआ।

केरल के कई इलाक़ों में समलैंगिकता सामान्य बात है। यहाँ बहुत से लोग पैसों के लिए समलैंगिकता स्वीकार कर लेते हैं। यही नहीं यहाँ नाबालिगों के साथ जबरन अप्राकृतिक सम्बन्धों के मामले बड़ी संख्या में सामने आये।

सरकार ने माना है कि धारा 377 के प्रावधान के कारण एड्स के रोगी पंजीकरण नहीं करवाते थे और यौनपूर्ति के असुरक्षित तरीक़ों का पता ही नहीं चल पाता था। यह सर्वविदित तथ्य है कि पिछले दशकों में एचआईवी/एड्स बहुत फैला। किन्तु उपहास, उपेक्षा, भेदभाव व बहिष्कार के डर से ये रोगी डॉक्टरों के पास जाते ही नहीं थे। यह बात केन्द्र के एक बड़े अधिकारी, जो अपना नाम नहीं बताना चाहते, उनके द्वारा कही गयी।

केन्द्रीय स्वास्थ्य सचिव के सुजाता राव के अनुसार समलैंगिकता को व्यक्ति का मौलिक अधिकार मान लेने से अब ग़ैर–सरकारी संस्थाओं और एड्स निरोधक कार्यकर्ताओं को निडर होकर कार्य करने में आसानी होगी।

भारतीय चिकित्सा संस्थान के भूतपूर्व अध्यक्ष डॉ. के. के. अग्रवाल का कहना है कि स्वास्थ्य रक्षा प्रदाता और न्यायालय को समय के अनुरूप क़ानूनों को स्वीकार करना, अनुकूल बनाना व छोड़ना तथा पुनः व्याख्यायित करना ही चाहिए। चिकित्सा जगत् ने कभी इन लोगों को मानसिक रोगी या अपराधी नहीं माना है। उसने समलैंगिकता को सामान्य व प्राकृतिक प्रवृत्ति ही माना है। अब डॉक्टर्स के लिए चिकित्सा की राह आसान हो जायेगी क्योंकि रोगी बता सकेगा कि वह समलैंगिक है। पहले अपराधी माना जाने के डर से या तो रोगी आते ही नहीं थे, या वो बताते नहीं थे।

कुछ लोगों का कहना है कि इस फ़ैसले से एचआईवी/एड्स के फैलने का ख़तरा ज़्यादा हो जायेगा लेकिन अन्य देशों के अनुभव बताते हैं कि यह सम्भावना कम हो जाती है। अब इनमें शिक्षित लोगों का प्रतिशत बढ़ जायेगा, जो रोग से बचने के तरीक़े भी सीख लेंगे।

आलोक प्रसन्न कुमार और अर्घ्य सेनगुप्ता सर्वोच्च न्यायालय में जूनियर वकील हैं। अपनी संस्था 'विधि सेंटर फॉर लीगल पॉलिसी' के माध्यम से ये जरूरतमन्द, असहाय लोगों की सहायता करने के लिए जाने जाते हैं। इन दोनों का कहना है कि यह फ़ैसला बहुत महत्वपूर्ण है। इसके द्वारा नागरिकों के अधिकार ही नहीं बढ़े हैं, अपितु अदालत ने यह भी स्वीकार किया है कि उसका सुरेश कौशल के मामले में दिया गया फ़ैसला ग़लत था। सर्वोच्च न्यायालय का व्यक्तिगत अधिकारों के प्रति रुझान संवैधानिक आकांक्षाओं और धरातलीय यथार्थ के बीच एक सेतु का काम भी करता है।

अभी तक बहुत सारे मामले समलैंगिकता के अपराध के कारण दर्ज हैं। दिल्ली पुलिस के अनुसार 2016 से अभी अगस्त तक 435 मामले आये। इनमें 446 अपराधियों की गिरफ़्तारी हुई है। पुलिस के अनुसार इस सम्बन्ध से पीड़ितों के मामले में 60 प्रतिशत नाबालिग बच्चे होते हैं, जिनके साथ ज़बर्दस्ती सम्बन्ध था। ट्रांसजेंडर्स ने कहा कि अभी तो बहुत संघर्ष करना पड़ेगा। जो लोग अपने को धर्म के ठेकेदार कहते हैं, वे लोग हमारी आवाज को दबाने की कोशिश करेंगे। हमारे अधिकारों के लिए उनके मन में कोई संवेदनाएँ नहीं हैं। प्रत्येक प्रान्त में ट्रांसजेंडर वेलफेयर बोर्ड बनाये जाने चाहिए। 2014 में सर्वोच्च न्यायालय ने कहा भी था कि इसमें एक अन्य सरकारी अधिकारी व हमारे प्रतिनिधि हों। इससे हमें अपने जीवन की गुणवत्ता बढ़ाने, ऋण दिलाने, स्वास्थ्य बीमा कराने, शिक्षा और मूलभूत सरकारी सुविधाएँ मिलने में आसानी होगी।

यह सही है कि केवल क़ानून बनने से कुछ गिने–चुने मामलों में ही लाभ होगा। वह भी उनको, जो सम्पन्न हैं, शिक्षित हैं, कुछ अतिरिक्त स्वाभिमानी हैं। समाज की सोच एकदम से नहीं बदल सकती। उसे बदलने के कठिन प्रयास निरन्तर करने पड़ेंगे। लेकिन इस फ़ैसले से समाज में भी चर्चा शुरु होगी, तो धीरे–धीरे कुछ जागृति आयेगी।

कुछ अन्य देशों में जहाँ अभी समलैंगिकता स्वीकृत नहीं है, उनमें भी बदलाव आने की आशा बढ़ी है।

इस फ़ैसले से लिंग परिवर्तन के मामले भी कम होंगे। अभी तक अपराधी माने जाने के डर के कारण बहुत से लोग डॉक्टर्स के पास लिंग परिवर्तन कराने आते रहते थे। यद्यपि डॉक्टर इन लोगों की कई महीनों तक काउंसिलिंग करके ही लिंग परिवर्तित करते थे।

20.8.2018 आज हरिद्वार में किन्नर नायक से भेंट हुई। उसका घर पक्का था। बहुत छोटा भी नहीं था। पर आधुनिकता के नाम पर वहाँ कुछ नहीं था। तीन–चार बिल्लियाँ पाली हुई है। एक 20–25 वर्ष का युवक भी उस घर में मिला। बात–बात में पता लगा कि उस लड़के के छोटे–छोटे 2 बच्चे हैं। वह किन्नर नायक के यहाँ रहता है। उनके लिए चाय, भोजन वग़ैरह बना देता है। घर बाहर का काम कर देता है और उसे कुछ पैसे मिल जाते हैं।

बात कुछ इस तरह हुई

मैं–आपको पता है कि सुप्रीम कोर्ट का एक फ़ैसला आया है।

किन्नर–हाँ, पता चल गया, लेकिन हमें क्या करना है?

मैं–क्यों, आप नहीं चाहते कि आप भी आगे बढ़ें, सभी के साथ मिल–जुलकर रहें।

किन्नर–हम तो ऐसे ही ठीक हैं। आराम की ज़िन्दगी है।

मैं–क्यों नौकरी वग़ैरह मिल जायेगी, काम भी कर सकेंगे।

किन्नर–क्या करना है? हमारा काम तो बहुत अच्छी तरह चल रहा है। माँगकर ख़ूब मिल जाता है। 11000, 15000, 21000 कहीं–कहीं तो सवा लाख तक।

मैं–आपके दूसरों से सम्बन्ध बने?

किन्नर–ना जी, हमारा तो कभी मन ही नहीं हुआ। जब कुछ है ही नहीं तो मन कहाँ से होगा?

मैं–आपसे एक बहुत अन्दर की बात पूछना चाहती हूँ। आपके अंगों का क्या हाल है?

किन्नर–कुछ नहीं जी, एक छेद है पेशाब करने के लिए। बस और कुछ नहीं।

मैं–आपने स्तन नकली लगवाये हैं क्या?

उन्होंने झट ब्लाउज़ का बटन खोल दिया कि देख लो, असली है यह सब?

यह किन्नर 20 वर्ष तक अपने परिवार के साथ रहा। फिर कोई अपने जैसा व्यक्ति मिला, उसके साथ हिजड़ा समाज में आकर मिल गया। कक्षा 4 तक पढ़ाई की है। उर्दू, हिन्दी, अंग्रेज़ी पढ़ लेता है। आज अब 60 की उम्र पार कर ली है, स्वस्थ है। नायक बन चुका है तो पैसे की कमी नहीं है।

मैं—क्या यह सच है कि मृत्यु के बाद जनाज़ा ले जाते हुए शव को जूते—चप्पलों से पीटते हैं?

किन्नर—सब झूठ है। जैसे सब संस्कार करते हैं धर्म के हिसाब से, हमारे यहाँ भी अन्तिम संस्कार वैसे ही होता है।

मैं—परिवार के लोग जानते हैं आप यहाँ हैं।

किन्नर—क्यों नहीं। मैं तो मिलती रहती हूँ उन सभी से।

मैं—परिवार वाले निकाल देते हैं और बहुत बार आप लोग भी ज़बर्दस्ती बच्चे को ले आते हैं।

किन्नर—यह ठीक बात नहीं है। परिवार वाले बच्चे को कभी नहीं निकालते। बच्चे ही निकल आते हैं। कोई हम लोगों को हमारे जैसा पैदा हुआ बच्चा दे भी देते हैं। मैं तो ख़ुद ही आकर इन लोगों से मिली।

मैं—आप में से ज़्यादातर लोग इस्लाम धर्म अपनाये हुए हैं। आपके ही समुदाय के मनीषा महन्त ने बताया कि ज़ोर—ज़बरदस्ती से इस्लाम कबूल करवाया जाता है।

किन्नर—यह मैं तो नहीं कह सकती। कोई ज़बर्दस्ती नहीं है। जो जिस धर्म का है, उसका पालन कर रहा है। हाँ, सारे ख़ानदान इस्लाम से ही निकले माने जाते हैं।

अन्य भी कुछ किन्नरों से मिली। पर ज़्यादा कुछ पता नहीं चला। इनका कहना यही था कि वो ख़ुद आये हैं अपने समुदाय में। अलग—अलग गलियों के अन्दर—अन्दर, जहाँ हवा भी मुश्किल से गुज़रती है, कोठरियों में रहते हैं। नायक का घर खुला था। बड़ा था। इनका कहना था कि पूजा—पाठ जो जिस धर्म का है वह अपना करता है। कोई ज़बर्दस्ती नहीं है।

हरिद्वार में 8—10 किन्नर हैं, बाकी साधु बन गये होंगे, पैसे की कमी नहीं है। असल में हरिद्वार में सामान्य रूप से भी पैसे की कमी नहीं रहती। कहीं—न—कहीं काम मिल ही जाता है। यहाँ तीर्थयात्री बहुत आते हैं। बहुत सारे लोग साधुओं को रुपये—पैसे, कपड़े, रोज़मर्रा के उपयोग का सामान, कम्बल, छाता इत्यादि दे जाते हैं। यह और बात है कि बहुत—सी वस्तुएँ इस हाथ ली और उस हाथ बेच भी दी जाती हैं। जोगिया कपड़ा भी मिलता है सब बिक जाता है।

❑❑